Ljubezen:
Izpolnitev postave

Ljubezen:
Izpolnitev postave

Dr. Jaerock Lee

Ljubezen: Izpolnitev postave od dr. Jaerocka Leeja
Izdala založba Urim Books (Zastopnik: Johnny H. kim)
73, Yeouidaebang-ro 22-gil, Dongjak-gu, Seul, Koreja
www.urimbooks.com

Avtorske pravice pridržane. Te knjige oz. njenih delov ni dovoljeno kopirati, reproducirati, shranjevati v podatkovnih sistemih, ali prenašati v kakršni koli obliki ali sredstvu brez predhodnega pisnega dovoljenja založnika.

Če ni navedeno drugače, so vsi svetopisemski navedki vzeti iz Svetega pisma, AMERIŠKI STANDARDNI PREVOD, °, avtorske pravice © 1960, 1962, 1963, 1968, 1971, 1972, 1973, 1975, 1977, 1995 pripadajo fundaciji Lockman. Uporabljeno z dovoljenjem.

Avtorske pravice©2013, dr. Jaerock Lee
ISBN: 979-11-263-0789-0 03230
Avtorske pravice prevoda © 2013, dr. Esther K. Chung. Uporabljeno z dovoljenjem.

Prva izdaja: Avgust 2021

Predhodno izdano v korejskem jeziku leta 2009 s strani založbe Urim Books v Seulu, Koreja

Uredila dr. Geumsun Vin
Oblikovala uredniška pisarna Urim Books
Natisnilo podjetje Yewon Printing
Za več informacij se obrnite na urimbook@hotmail.com

*"Ljubezen bližnjemu ne prizadeva hudega;
ljubezen je torej izpolnitev postave."*

Rimljanom 13:10

Predgovor

V upanju, da bi si bralci izborili Novi Jeruzalem skozi duhovno ljubezen.

Oglaševalsko podjetje v ZK je v anketi vprašalo javnost, kako najhitreje potovati od Edinburga na Škotskem do Londona v Angliji. Za najboljši odgovor so ponujali bogato nagrado in nazadnje so za zmagovalca izbrali 'potovanje z ljubljeno osebo'. Povsem jasno je namreč, da kadar potujemo v družbi ljubljene osebe, bo še tako dolga pot hitro minila. In enako kadar ljubimo Boga, nam ni težko prenesti Njegove besede v dejanja (1 Janez 5:3). Bog nam ni dal postave in nam naročil izpolnjevati Njegove zapovedi, da bi nam otežil življenje.

Beseda 'postava' izhaja iz hebrejske besede 'tora', ki pomeni nauk oziroma navodila. Tora se ponavadi nanaša na Peteroknjižje, ki vključuje deset Božjih zapovedi. 'Postava' se hkrati nanaša na 66 knjig Svetega pisma kot celote, oziroma navodila od Boga, ki nam narekujejo izpolnjevati, se vzdržati oziroma odpraviti določene stvari. Nekateri ljudje so prepričani, da postava in ljubezen nista med seboj povezani, toda v resnici ju ni moč ločiti.

Ljubezen pripada Bogu in v kolikor ne ljubimo Boga, ne moremo v celoti izpolnjevati postave. Postavo lahko uresničimo samo, kadar jo izpolnjujemo z ljubeznijo.

Naslednja zgodba nam lepo opisuje moč ljubezni. Nek mladenič je strmoglavil z majhnim letalom sredi puščave. Njegov oče je bil zelo bogat človek in je najel ekipo za iskanje in reševanje, da bi poiskali njegovega sina, a je žal bilo vse zaman. Nato je naročil raztrositi milijone letakov po puščavi, na katerih je pisalo 'ljubim te, sin moj.' Sin, ki je taval po puščavi, je našel enega teh letakov in postal tako opogumljen, da se je naposled uspel rešiti. Iskrena očetova ljubezen je tako rešila sina. Tako kot je oče raztrosil letake po vsej puščavi, tako imamo mi dolžnost razširiti Božjo ljubezen na številne duše.

Bog je pokazal Svojo ljubezen, ko je poslal Svojega edinega Sina Jezusa na to zemljo, da bi rešil ljudi, ki so bili grešniki. Toda v času Jezusa so bili legalisti osredotočeni samo na postavo in niso poznali iskrene ljubezni Boga. Nazadnje so Jezusa, edinega Sina Božjega, obsodili kot bogokletneža, ki naj bi kršil postavo, in Ga križali. Niso namreč razumeli Božje ljubezni, ki je zakoreninjena v postavi.

13. poglavje Prvega pisma Korinčanom lepo opisuje 'duhovno ljubezen'. Govori o ljubezni Boga, ki je poslal Svojega edinega Sina, da bi rešil nas, ki nam je bilo obsojeno umreti zaradi grehov, ter o ljubezni Gospoda, ki nas je ljubil do te mere, da se je odpovedal vsemu Svojemu nebeškemu veličastvu in umrl na križu. Če tudi mi želimo prinesti Božjo ljubezen številnim umirajočim dušam na tem svetu, moramo osvojiti to duhovno ljubezen in jo uresničevati.

"Novo zapoved vam dam, da se ljubite med seboj! Kakor sem vas Jaz ljubil, tako se tudi vi ljubite med seboj! Po tem bodo vsi spoznali, da ste moji učenci, če boste med seboj imeli ljubezen" (Janez 13:34-35).

Ta knjiga je bila objavljena zato, da bi bralcem ponudila pri sebi preveriti, v kolikšni meri so vzgojili duhovno ljubezen in v kolikšni meri so se spreobrnili z resnico. Zahvaljujem se Geumsun Vin, direktorici uredniške pisarne in njenemu osebju ter upam, da bi vsi bralci izpolnili postavo z ljubeznijo in nazadnje odšli v Novi Jeruzalem, ki velja za najveličastnejši kraj od vseh nebeških bivališč.

Jaerock Lee

Uvod

V upanju, da bi bralci skozi Božjo resnico vzgojili popolno ljubezen in se spreobrnili.

Neka TV postaja je naredila raziskavo z vprašalnikom za poročene ženske. Vprašanje se je glasilo, ali bi poročile istega moža, če bi lahko ponovno izbirale. Rezultat je bil šokanten. Le 4 % žensk bi izbralo istega moža. V osnovi so se gotovo poročile iz ljubezni, toda zakaj bi kasneje tako spremenile svoje mnenje? Zato, ker niso ljubile z duhovno ljubeznijo. Ta knjiga Ljubezen: Izpolnitev posteve vas bo poučila o tej duhovni ljubezni.

V 1. delu "Pomembnost ljubezni" bomo preleteli različne oblike ljubezni, ki jih najdemo med možem in ženo, starši in otroki, ter med prijatelji in sosedi, kar nam bo omogočilo lažjo predstavo o razlikah med meseno ljubeznijo in duhovno ljubeznijo. Duhovna ljubezen pomeni ljubiti drugo osebo z nespremenljivim srcem, ne da bi karkoli pričakovali v zameno. Prav nasprotno pa se mesena ljubezen spreminja v različnih situacijah in okoliščinah, zato je duhovna ljubezen toliko bolj

dragocena in čudovita.
2. del "Ljubezen, kot jo opisuje svetopisemsko poglavje o ljubezni" razdeli 13. poglavje Prvega pisma Korinčanov na tri dele. Prvi del 'Ljubezen, ki je Bogu všeč' (1 Korinčanom 13:1-3), predstavlja uvod v poglavje, ki poudarja pomembnost duhovne ljubezni. Drugi del 'Značilnosti ljubezni' (1 Korinčanom 13:4-7), zajema glavnino poglavja o ljubezni in opisuje 15 značilnosti duhovne ljubezni. In tretji del 'Popolna ljubezen' predstavlja sklep poglavja o ljubezni, ki nam pomaga razumeti, da sta vera in upanje potrebna zgolj začasno, medtem ko korakamo proti nebeškemu kraljestvu za časa življenja na tej zemlji, po drugi strani pa je ljubezen večna in se ohranja tudi v nebeškem kraljestvu.

3. del 'Ljubezen je izpolnitev postave' pojasnjuje, kaj pomeni izpolniti postavo z ljubeznijo. Prav tako opisuje ljubezen Boga, ki vzgaja ljudi na tej zemlji, in ljubezen Kristusa, ki je odprl pot odrešenja za vse nas.

'Poglavje o ljubezni' je le eno poglavje izmed 1.189 poglavij

Svetega pisma, a vendar služi kot zemljevid, ki nam kaže pot do velikih zakladov, saj nas uči, kako si utreti pot do Novega Jeruzalema. Četudi imamo zemljevid in poznamo pot, pa nam to nič ne pomaga, če se dejansko ne pomikamo v pravo smer. Povedano drugače, kadar ne izkazujemo duhovne ljubezni, je vse zaman.

Bogu je všeč duhovna ljubezen, katero lahko posedujemo do te mere, do katere poslušamo in izpolnjujemo Božjo besedo, ki je resnica sama. Ko enkrat obrodimo to duhovno ljubezen, bomo deležni Božje ljubezni in blagoslovov in na koncu bomo poslani v Novi Jeruzalem, najbolj čudovito bivališče v nebesih. Ljubezen je tudi glavni namen Božjega stvarjenja in vzgoje človeka. Zato molim, da bi vsi bralci najprej ljubili Boga in ljubili svoje sosede kot ljubite sebe. Samo tako boste namreč prejeli ključe, ki odpirajo biserna vrata Novega Jeruzalema.

Geumsun Vin
Direktorica uredniške pisarne

Kazalo vsebine ~ *Ljubezen: Izpolnitev postave*

Predgovor · VII

Uvod · XI

1. del Pomembnost ljubezni

   1. poglavje Duhovna ljubezen · 2

   2. poglavje Mesena ljubezen · 10

2. del Ljubezen, kot jo opisuje svetopisemsko poglavje o ljubezni

   1. poglavje Ljubezen, kakršna je všeč Bogu · 24

   2. poglavje Značilnosti ljubezni · 42

   3. poglavje Popolna ljubezen · 160

3. del Ljubezen je izpolnitev postave

   1. poglavje Božja ljubezen · 172

   2. poglavje Kristusova ljubezen · 184

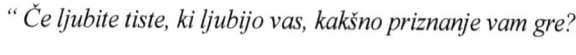

" Če ljubite tiste, ki ljubijo vas, kakšno priznanje vam gre?

Saj tudi grešniki ljubijo tiste, ki njih ljubijo."

Luka 6:32

1. del
Pomembnost ljubezni

1. poglavje : Duhovna ljubezen

2. poglavje : Mesena ljubezen

Duhovna ljubezen

"Ljubi, ljubimo se med seboj, ker je ljubezen od Boga in ker je vsak, ki ljubi, iz Boga rojen in Boga pozna. Kdor ne ljubi, Boga ni spoznal, kajti Bog je ljubezen."
(1 Janez 4:7-8)

Ko samo slišimo besedo 'ljubezen', začnejo naša srca hitreje biti in naše misli odtavajo v deželo pravljic. Če nekoga ljubimo in vse življenje delimo ljubezen, to pomeni življenje, ki je do skrajnih meja napolnjeno s srečo. Včasih slišimo o ljudeh, ki so premagali situacije kot je smrt sama in skozi moč ljubezni obogatili svoja življenja. Ljubezen je ključna za srečno življenje, saj nosi moč za spreobrnitev naših življenj.

Merriam-Websterjev spletni slovar definira ljubezen kot 'močno naklonjenost do druge osebe, ki izhaja iz sorodnosti ali tesne povezanosti' oziroma kot 'naklonjenost na osnovi občudovanja, dobrohotnosti ali skupnih interesov'. Toda ljubezen, o kakršni govori Bog, je ljubezen višje stopnje, in to je duhovna ljubezen. Duhovna ljubezen si prizadeva v korist drugih, jih napaja z radostjo, upanjem in življenjem. Duhovna ljubezen se nikoli ne spreminja. Poleg tega nam ne koristi samo pri tem začasnem zemeljskem življenju, temveč vodi naše duše do odrešenja in nam daje večno življenje.

Zgodba o ženski, ki je pripeljala svojega moža v cerkev

Neka ženska je bila že od nekdaj zvesta kristjanka, medtem ko njen mož ni zahajal v cerkev in ji je grenil življenje. Toda ženska se je kljub temu vsak dan udeležila jutranjega molitvenega srečanja in tam molila za moža. Neko jutro je odšla moliti in s seboj vzela čevlje svojega moža. Čevlje je stiskala v naročju in s solzami v očeh molila: "Bog, danes so v cerkvi prisotni le ti čevlji, toda naslednjič, prosim te, omogoči tudi lastniku teh čevljev obiskati to cerkev." Preteklo je nekaj časa, ko se je zgodilo nekaj zares neverjetnega. Njen mož je obiskal cerkev. Ta del zgodbe gre nekako takole: Od določenega trenutka je vsakič, ko se je mož odpravil na delo, ta začutil nekakšno toplino v svojih čevljih. Nekega dne je zato sledil svoji ženi, ko je odšla zdoma z njegovimi čevlji v rokah. Seveda je bila namenjena v cerkev.

Možakar je bil vznemirjen in ni mogel premagati radovednosti. Enostavno je moral izvedeti, kaj njegova žena počne v cerkvi z njegovimi čevlji. Ko je potihoma stopil v cerkev, je zagledal ženo moliti z njegovimi čevlji v naročju. Slišal je njeno molitev in se prepričal, da je bila sleherna beseda namenjena za njegov blagoslov in blaginjo. Močno je bil ganjen in obžaloval svoje ravnanje z ženo. Naposled se je zaradi velike ženine ljubezni spreobrnil in postal predan kristjan.

Večina žena v tovrstni situaciji me običajno prosi za molitev, rekoč: "Mož mi greni življenje, ker obiskujem cerkev. Prosim vas, molite zame, da bi me mož prenehal obsojati." In jaz odgovarjam: "Hitro postanite posvečeni in preidite v duha. Tako boste rešili vašo težavo." V kolikor te žene odpravijo grehe in preidejo v duha, bodo tako napajale svoje može z več duhovne ljubezni. In kakšen mož bo preganjal svojo ženo, ki se iz srca žrtvuje zanj in mu služi?

V preteklosti je žena za vse krivila svojega moža, toda zdaj se je skozi resnico spreobrnila, se ponižala in priznava, da je bila ona kriva. Duhovna svetloba tako požene temo in posledično se bo spreobrnil tudi mož. Kdo neki bi molil za drugo osebo, ki mu greni življenje? Kdo bi se žrtvoval za zapostavljene sosede in jih napajal z iskreno ljubeznijo? Tega so sposobni le Božji otroci, ki so spoznali iskreno ljubezen preko Gospoda.

Neomajna ljubezen in prijateljstvo med Davidom in Jonatanom

Jonatan je bil sin od Savla, prvega kralja Izraela. Ko je videl, kako je David s pračo v roki porazil filistejskega velikana Goljata, je nemudoma dojel, da je bil David bojevnik, nad katerim je deloval Božji duh. Ker je bil tudi sam vojaški poveljnik, je bil močno ganjen nad Davidovim pogumom. Od tistega trenutka je Jonatan ljubil Davida kakor sebe samega in skupaj sta zgradila izredno trdno prijateljsko vez. Jonatan je tako močno ljubil Davida, da se je bil zanj pripravljen odreči prav vsemu.

Ko je David nehal govoriti Savlu, se je Jonatanova duša združila z Davidovo dušo in Jonatan ga je vzljubil kakor svojo dušo. Isti dan ga je Savel vzel k sebi in mu ni pustil, da bi se vrnil v hišo svojega očeta. Jonatan pa je sklenil zavezo z Davidom, ker ga je ljubil kakor svojo dušo. Jonatan je slekel plašč, ki ga je imel na sebi, in ga dal Davidu, prav tako svojo opravo s svojim mečem, s svojim lokom in s svojim pasom (1 Samuel 18:1-4).

Jonatan je bil prestolonaslednik, saj je bil prvi sina kralja Savla, in zlahka bi lahko sovražil in zavidal Davidu, ki je bil oboževan s strani ljudstva. Toda Jonatan ni gojil nobene želje po nazivu kralja. Ko je njegov oče Savel poskušal umoriti Davida, da bi ohranil svoj prestol, je Jonatan tvegal lastno življenje, da bi rešil Davida. Ta ljubezen je ostala nespremenjena vse do njegove smrti. Ko je Jonatan umrl v bitki na gori Gilboi, je David žaloval, jokal in se postil do večera.

Hudo mi je za teboj, moj brat, Jonatan! Zelo si mi bil prijeten. Tvoja ljubezen mi je bila čudovita, bolj kot ženska ljubezen (2 Samuel 1:26).

Ko je David postal kralj, je poiskal Mefibošeta, edinega Jonatanovega sina. Vrnil mu je vso Savlovo premoženje in skrbel zanj kakor za lastnega sina v palači (2 Samuel 9). Duhovna ljubezen pomeni ljubiti drugo osebo z nespremenljivim srcem vse življenje, četudi to človeku ne prinaša nobene koristi, ampak mu povzroča škodo. Biti prijazen z upanjem, da boste nekaj prejeli v zameno, ni iskrena ljubezen. Duhovna ljubezen pomeni žrtvovati sebe in se brezpogojno razdajati za druge, z jasnim in iskrenim motivom.

Večna ljubezen Boga in Gospoda do nas

Večina ljudi v življenju doživi srce parajoče bolečine zaradi mesene ljubezni. Kadar trpimo bolečino in smo osamljeni zaradi minljive ljubezni, nas vselej nekdo tolaži in postane naš prijatelj. Ta nekdo je Gospod. Bil je zaničevan in zapuščen od ljudi, čeprav je bil nedolžen (Izaija 53:3), zato Jezus še kako dobro razume naša srca. Odrekel se je Svoji nebeški slavi in se spustil dol na to zemljo, da bi sprejel pot trpljenja. Na ta način je Jezus postal naš resnični tolažnik in prijatelj. Izkazoval nam je iskreno ljubezen, dokler ni umrl na križu.

Preden sem postal vernik v Boga, sem trpel za številnimi boleznimi ter dodobra okusil bolečino in osamljenost, ki ju prinaša revščina. Po dolgih sedmih letih bolezni mi je ostalo le še obolelo telo, naraščajoči dolgovi, prezir od ljudi, osamljenost in obup. Zapustili so me vsi, ki sem jih ljubil in jim zaupal. Toda ko sem čutil, da sem povsem sam v celotnem vesolju, me je nekdo obiskal. To je bil Bog. Srečal sem Boga, bil v trenutku ozdravljen vseh bolezni in stopil v novo življenje.

Ljubezen, ki mi jo je izkazal Bog, je bila prost dar. Nisem namreč najprej ljubil Boga, temveč je On prišel do mene in razširil Svoje roke. Ko sem začel brati Sveto pismo, sem lahko slišal izpoved Božje ljubezni do mene.

Mar pozabi žena svojega otročiča in se ne usmili otroka svojega telesa? A tudi če bi one pozabile, Jaz te ne pozabim. Glej, na obe dlani Sem te napisal, tvoje obzidje je vedno pred Menoj (Izaija 49:15-16).

Božja ljubezen do nas pa se je razodela v tem, da je Bog poslal v svet Svojega edinorojenega Sina, da bi živeli po Njem. Ljubezen je v tem – ne v tem, da bi bili mi vzljubili Boga. On nas je vzljubil in poslal Svojega Sina v spravno daritev za naše grehe. (1 Janez 4:9-10).

Bog me ni zapustil, ko sem prestajal trpljenje in so me vsi drugi zapustili. Ko sem začutil Njegovo ljubezen, nisem mogel ustaviti solz v mojih očeh. Zavoljo pretrpljene bolečine sem čutil, da je Božja ljubezen resnična. In danes kot pastor, Božji služabnik, dajem uteho številnim dušam, s čimer želim poplačati milost, ki jo je Bog izkazal meni.

Bog je ljubezen sama. Bog je poslal Svojega edinorojenega Sina Jezusa na to zemljo za nas, ki smo grešniki. In Bog čaka na nas v nebeškem kraljestvu, kjer je za nas pripravil ogromno število čudovitih in dragocenih reči. Pravzaprav lahko občutimo to nežno in obilno Božjo ljubezen, če vsaj malo odpremo naša srca.

Kajti od stvarjenja sveta naprej je mogoče to, kar je v Njem nevidno, z umom zreti po ustvarjenih bitjih: Njegovo večno mogočnost in božanskost. Zato so ti ljudje neopravičljivi (Rimljanom 1:20).

Samo pomislite na prekrasno naravo. Modro nebo, čisto morje, ter vsa drevesa in rastline, vse to je Bog ustvaril za nas, da bi lahko v času bivanja na tej zemlji ohranjali upanje po nebeškem kraljestvu, dokler končno ne pridemo tja.

Od valov, ki pljuskajo ob obalo; zvezd, ki migetajo kot bi plesale; glasnega bučanja velikih slapov; in do sapice, ki pihlja mimo nas, vse to nam daje čutiti Božji dih, ki nam pravi "ljubim te". In ker smo bili izbrani za otroke tega ljubečega Boga, kakšno vrsto ljubezni bi morali gojiti? Izkazovati moramo večno in iskreno ljubezen, ne prazne ljubezni, ki se spreminja, kadar nam situacija ni naklonjena.

Mesena ljubezen

" *Če ljubite tiste, ki ljubijo vas, kakšno priznanje vam gre?*
Saj tudi grešniki ljubijo tiste, ki njih ljubijo. "
Luka 6:32

Možakar stoji pred številno množico ob Galilejskem morju. Modri valovi morja za Njim so videti kot bi plesali v nežnem vetru. Ljudje obnemijo, da bi slišali Njegove besede. Množici, ki poseda v neposredni bližini in na majhnem griču, Možakar z nežnim, a odločnim glasom svetuje, naj postanejo sol in luč sveta in naj ljubijo celo svoje sovražnike.

Če namreč ljubite tiste, ki ljubijo vas, kakšno plačilo vas čaka? Mar tega ne delajo tudi cestninarji? In če pozdravljate le svoje brate, kaj delate posebnega? Mar tega ne delajo tudi pogani? (Matej 5:46-47)

Kot je govoril Jezus, lahko tudi neverniki in celo pokvarjeni ljudje izkazujejo ljubezen do tistih, ki so dobri do njih in jim prinašajo koristi. Obstaja pa tudi lažna ljubezen, ki se navzven zdi dobra, a navznoter ni resnična. Gre za tako imenovano meseno ljubezen, ki se skozi čas spreminja, popušča in propade že zaradi najmanjših reči.

Mesena ljubezen se lahko spremeni v vsakem trenutku. Ko pride do spremembe situacije oziroma okoliščin, se mesena ljubezen kaj hitro spremeni. Ljudje pogosto spremenijo svoja stališča v skladu s pridobljenimi prednostmi oziroma koristmi. Ljudje dajejo šele potem, ko so nekaj prejeli v zameno, oziroma so radodarni samo takrat, kadar se to zdi koristno za njih same. Kadar tako dajemo in želimo prejeti v enaki meri v zameno, ali kadar smo razočarani, ker nam drugi niso ničesar poplačali v zameno, za vsem tem stoji naša mesena ljubezen.

Ljubezen med starši in otroci

Ljubezen staršev, ki nenehno obdarujejo svoje otroke, je izredno ganljiva v očeh mnogih ljudi. Staršem ni težko skrbeti za otroke in se na vso moč razdajati zanje, saj vendar ljubijo svoje otroke. Pravzaprav z veseljem poklanjajo lepe stvari svojim otrokom, četudi to pomeni, da bodo zaradi tega sami slabše jedli in nosili ponošena oblačila. Še vedno pa ti ljubeči starši v enem kotičku svojega srca iščejo lastne koristi.

V kolikor resnično ljubijo svoje otroke, bi morali biti pripravljeni žrtvovati celo lastno življenje, ne da bi karkoli pričakovali v zameno. Vendar v resnici je veliko staršev, ki vzgajajo svoje otroke zaradi lastne koristi in časti. Pogosto pravijo "govorim ti v tvoje dobro", a v resnici usmerjajo svoje otroke na način, da bi le-ti izpolnili njihove želje po slavi, ali za njihove denarne koristi. Ko otroci izbirajo svojo poklicno pot ali se nameravajo poročiti, v kolikor izberejo poklic ali partnerja v nasprotju z željami teh staršev, bodo ti temu ostro nasprotovali in bruhali razočaranje. To dokazuje, da je njihova predanost do otrok pogojna. Skozi otroke želijo prejeti povračilo za izkazano ljubezen.

Ljubezen otrok je običajno precej manjša od ljubezni staršev. Korejski pregovor pravi: "Če starši zbolijo za dlje časa, jim otroci obrnejo hrbet." Kadar so starši bolni in ostareli in kadar ni možnosti po okrevanju, bodo otroci, ki so v tovrstni situaciji prisiljeni skrbeti za starše, čutili vse večje breme na svojih plečih. Kot majhni otroci sicer radi zatrjujejo: "Nikoli se ne bom poročil/a in za vedno bom živel/a z vama, oče in mati." In morda so takrat resnično prepričani, da želijo živeti s starši do konca življenja. Toda ko enkrat odrastejo, postajajo čedalje manj zainteresirani za starše, saj so obremenjeni s postavljanjem lastnih temeljev za življenje. Srca ljudi so danes izrazito ravnodušna do grehov, in hudobija je tako razširjena, da starši včasih umorijo otroke oziroma otroci umorijo starše.

Ljubezen med možem in ženo

Kako pa je z ljubeznijo med poročenimi pari? V času zmenkov so vsi polni lepih besed, kot na primer: "Brez tebe mi živeti ni. Večno te bom ljubil/a." Toda kaj sledi po poroki? Gojiti začnejo zamere in pravijo: "Zaradi tebe ne morem živeti kot bi si želel/a. Preslepil/a si me."

Na začetku so izpovedovali ljubezen drug do drugega, po poroki pa nato pogosto omenjajo ločitev oz. razvezo, saj so mnenja, da se ne ujemajo z ozadjem, izobrazbo ali značajem partnerjeve družine. Kadar hrana ni po godu moža, se ta pritožuje nad ženo, rekoč: "Kakšna hrana je to? Nič ni za jesti!" In če mož ne služi dovolj denarja, ga žena nezadovoljno nerga z besedami, kot so: "Mož moje prijateljice je napredoval na položaj direktorja, nek drug pa na položaj glavnega poslovodje ... Kdaj boš ti napredoval? Neka druga prijateljica je kupila veliko hišo in nov avtomobil. Kaj pa midva? Kdaj bova midva imela lepe reči?"

Glede na statistiko družinskega nasilja v Koreji se skoraj polovica poročenih parov izživlja z nasiljem nad svojim partnerjem. Ogromno poročenih parov izgubi medsebojno ljubezen ter se začnejo sovražiti in prerekati. Nekateri pari se razidejo celo na medenih tednih. Povprečna doba od poroke do ločitve postaja vse krajša in krajša. Ljudje so prepričani, da močno ljubijo svojega partnerja, nakar v skupnem življenju opazijo njegove negativne točke. Ker se njihova stališča in okusi razlikujejo, so nenehno v konfliktu, od ene stvari do druge. Skozi ta proces se ohladijo njihova čustva, za katera so bili prepričani, da izvirajo iz ljubezni.

In tudi kadar med zakonci ni nobenih izrazitih težav, postanejo tako navajeni drug na drugega, da skozi čas izginejo čustva tiste prve ljubezni. Tedaj usmerijo svoje oči na druge moške in ženske. Mož je razočaran nad ženo, ki je zjutraj videti razmršena, in s staranjem žena pridobi dodatne kilograme, zato za moža ni več prav nič privlačna. Skozi čas bi se ljubezen morala poglobiti, vendar v večini primerov temu ni tako. Nazadnje tako spremembe v njima samo še podkrepijo dejstvo, da je šlo za meseno ljubezen, ki išče lastne koristi.

Ljubezen med brati

Sorojenci, ki se rodijo istim staršem in skupaj odraščajo, bi morali biti tesneje povezani med seboj kot do drugih ljudi. Pogosto se lahko namreč zanesejo drug na drugega, saj jih združuje veliko skupnega in velika medsebojna ljubezen. Toda med nekaterimi sorojenci se pojavi velika tekmovalnost in postanejo zavistni do bratov in sester.

Prvorojeni otrok kaj hitro začuti, da je bil ob rojstvu brata ali sestre prikrajšan za del starševske ljubezni, ki je pripadala njemu samemu. Drugorojeni otrok se bo morda počutil negotovega, saj bo prepričan, da je manj vreden od starejšega brata ali sestre. Sorojenci, ki imajo tako starejše kot mlajše brate ali sestre, pa čutijo manjvrednost do starejših sorojencev in hkrati breme, da se morajo podrediti mlajšim bratom oz. sestram. Morda jih bo spremljal tudi občutek, da se jim dogaja krivica, saj ne znajo pritegniti pozornosti od staršev. Kadar sorojenci ne odpravijo tovrstnih čustev, pogosto vzgojijo nezdrav odnos do svojih bratov in sester.

Prvi umor v zgodovini človeštva se je zgodil ravno med bratoma. Povod za umor je bilo Kajnovo zavidanje mlajšemu bratu Abelu zaradi Božjih blagoslovov. Od takrat se je do danes zvrstilo neskončno število konfliktov in spopadov in med brati in sestrami. Jožef je bil osovražen s strani njegovih bratov in prodan v suženjstvo v Egipt. Davidov sin Absalom je naročil enemu svojih pomočnikov umoriti brata Amnona. Danes se številni bratje in sestre prerekajo zaradi podedovanega denarja. Pogosto tako postanejo sovražniki.

To sovraštvo se kasneje sicer nekoliko ohladi, ko se ljudje poročijo in začnejo ustvarjati lastne družine, saj več ne namenjajo tolikšne pozornosti sorojencem kot v preteklosti. Osebno sem bil rojen kot zadnji od šestih bratov in sester. Deležen sem bil velike ljubezni od starejših bratov in sester, dokler nisem zaradi različnih bolezni pristal sedem let priklenjen na posteljo, takrat se je vse spremenilo. Iz dneva v dan sem jim predstavljal večje breme. Do neke mere so poskušali ozdraviti moje bolezni, a ko je navidez ugasnil še zadnji kanček upanja, so mi začeli obračati hrbet.

Ljubezen med sosedi

Korejci uporabljamo izraz "sorodni sosedje", kar pomeni, da so nam naši sosedje ravno tako blizu kot naši družinski člani. Nekdaj se je večina ljudi preživljala s kmetijstvom in sosedje so bili zelo dragoceni, saj so si ljudje med seboj pomagali. Danes pa ta izraz čedalje bolj izgublja na pomenu. Ljudje namreč zapirajo in zaklepajo vrata tudi pred sosedi. Uporabljamo celo napredne varnostne sisteme in včasih ljudje sploh ne poznajo lastnih sosedov.

Ljudem ni mar za druge in niti nimajo namena spoznati svojih sosedov. Brez uvidevnosti do drugih razmišljajo samo o sebi in najbližjih družinskih članih. Nikomur ne zaupajo. In ko začutijo, da jim sosedje povzročajo kakršnekoli nevšečnosti, škodo ali izgube, se z njimi sprejo brez vsakega oklevanja. Danes se veliko sosedov med seboj toži na sodišču zaradi povsem trivialnih reči. Spomnim se primera, ko je nekdo zabodel soseda, ki je živel nadstropje nad njim, ker naj bi ta povzročal hrup.

Ljubezen med prijatelji

Kaj pa ljubezen med prijatelji? Morda ste prepričani, da vam bo nek prijatelj vedno stal ob strani. A tudi nekdo, ki ga smatrate za zvestega prijatelja, vas lahko hitro izda in vam zlomi srce.

Včasih človek prosi prijatelje za posojilo večje vsote denarja oziroma da bi postali njegovi garanti, saj preživlja težke čase in mu grozi bankrot. Če ga prijatelji zavrnejo, se počuti izdanega in jih ne želi nikoli več videti. Toda kdo je v resnici tisti, ki je tukaj ravnal napačno? Če resnično ljubite prijatelja, mu ne boste povzročali bolečine. Če vam grozi bankrot in prijatelji postanejo vaši garanti, le-ti s tem prevzamejo določeno tveganje nase in na njihove družinske člane. Ali je to ljubezen, če tako pahnete prijatelje v takšno tveganje? To nikakor ni ljubezen. A danes so takšni primeri zelo pogosti. Poleg tega nam Božja beseda prepoveduje posojati in izposojati si denar, jamčiti s premoženjem ali prevzemati poroštva. Kadar prekršimo te Božje besede, to ponavadi prikliče Satanova dela in vsi udeleženi utrpijo veliko škodo.

Sin moj, če si sprejel poroštvo za svojega bližnjega, dal svojo roko za tujca, se zavezal z izreki svojih ust, se ujel z izreki svojih ust (Pregovori 6:1-2).

Ne bodi med tistimi, ki segajo v roko, med tistimi, ki jamčijo za dolgove (Pregovori 22:26).

Nekaterim ljudem se zdi modro sklepati prijateljstva na

podlagi potencialnih koristi. Toda danes je izredno težko najti človeka, ki bo rade volje žrtvoval svoj čas, trud in denar iz ljubezni do svojih sosedov ali prijateljev.

V otroštvu sem imel veliko prijateljev. Preden sem postal vernik v Boga, sem zaupanje med prijatelji smatral za eno od temeljnih načel življenja. Prepričan sem bil, da bo naše prijateljstvo večno. Toda ko sem bil dlje časa priklenjen na posteljo, sem dodobra spoznal, kako se ta ljubezen med prijatelji spreminja iz čistega koristoljubja.

Sprva so mi prijatelji iskali dobre zdravnike in mi prinašali ljudska zdravila, ko pa se moje stanje ni nič izboljšalo, so me eden za drugim zapustili. Kasneje so ob meni ostali le še prijatelji, s katerimi smo skupaj popivali in kockali. In še ti me niso obiskovali iz ljubezni, ampak ker so potrebovali kraj za preživljanje prostega časa. Tudi v meseni ljubezni si ljudje izpovedujejo medsebojno ljubezen, a se ta kmalu spremeni.

Kako lepo bi bilo, če starši in otroci, bratje in sestre, prijatelji in sosedje ne bi iskali lastnega koristoljubja in nikoli ne bi spreminjali svojega odnosa? V takšnem primeru gre resnično za duhovno ljubezen. Toda v večini primerov ljudje ne gojijo duhovne ljubezni, zato tudi ne najdejo pravega zadovoljstva v medsebojnih odnosih. Kar naprej iščejo ljubezen od svojih družinskih članov in ljudi v njihovi okolici, a na ta način postajajo samo še bolj lačni ljubezni, kot bi pili morsko vodo, da bi potešili žejo.

Po besedah Blaisa Pascala vsak posameznik nosi praznino v

obliki Boga v svojem srcu, ki pa je ni moč zapolniti z nobeno izdelano stvarjo, ampak samo preko Boga Stvarnika, ki nam Ga je razodel Jezus. In dokler ne zapolnimo te praznine z Božjo ljubeznijo, ne moremo čutiti pravega zadoščenja in spremlja nas občutek nesmisla. Ali potem to pomeni, da na tem svetu ni neomajne duhovne ljubezni? Nikakor! Sicer ni pogosta, ampak duhovna ljubezen zagotovo obstaja. 13. poglavje Prvega pisma Korinčanom eksplicitno govori o iskreni ljubezni.

Ljubezen je potrpežljiva, dobrotljiva je ljubezen, ni nevoščljiva, ljubezen se ne ponaša, se ne napihuje, ni brezobzirna, ne išče svojega, ne da se razdražiti, ne misli hudega. Ne veseli se krivice, veseli pa se resnice. Vse prenaša, vse veruje, vse upa, vse prestane (1 Korinčanom 13:4-7).

Tovrstno ljubezen Bog imenuje duhovna in iskrena ljubezen. Če poznamo ljubezen Boga in se spreobrnemo z resnico, lahko pridobimo duhovno ljubezen. Zatorej vzgojimo to duhovno ljubezen, s katero bomo znali ljubiti drug drugega z vsem našim srcem in neomajnostjo, četudi nam to ne prinaša koristi, ampak nam povzroča škodo.

Kako preveriti duhovno ljubezen?

Nekateri ljudje so zmotno prepričani, da ljubijo Boga. In da bi pri sebi preverili, v kolikšni meri smo vzgojili pravo duhovno ljubezen in ljubimo Boga, moramo vzeti pod drobnogled naša čustva in dejanja, ki so nas spremljala pri izpopolnjevalnih preizkušnjah, skušnjavah in stiskah. Pristnost duhovne ljubezni lahko preverimo tako, da se vprašamo, ali se resnično razveseljujemo in smo hvaležni iz dna naših src, in ali neprenehoma sledimo Božji volji.

Če se pritožujemo in kujemo zamere ter iščemo posvetne metode in se zanašamo na ljudi, to pomeni, da ne gojimo duhovne ljubezni. To dokazuje, da je naše poznavanje Boga zgolj miselne narave in ga nismo vzgojili v naših srcih. Tako kot je ponarejen denar videti kot pravi denar, a je v resnici zgolj kos papirja, tako ljubezen, ki jo nosimo zgolj kot spoznanje, ni iskrena ljubezen. Takšna ljubezen je brez vsake vrednosti. Samo kadar je naša ljubezen do Gospoda neomajna in se v vsaki situaciji zanašamo na Boga, lahko rečemo, da smo vzgojili iskreno ljubezen, ki je duhovna ljubezen.

"Za zdaj pa ostanejo vera, upanje, ljubezen, to troje. In največja od teh je ljubezen."

(1 Korinčanom 13:13)

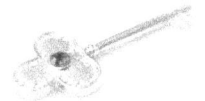

2. del
Ljubezen, kot jo opisuje svetopisemsko poglavje o ljubezni

1. poglavje : Ljubezen, kakršna je všeč Bogu

2. poglavje : Značilnosti ljubezni

3. poglavje : Popolna ljubezen

Ljubezen, kakršna je všeč Bogu

"Ko bi govoril človeške in angelske jezike, ljubezni pa bi ne imel, sem postal brneč bron ali zveneče cimbale. In ko bi imel dar preroštva in ko bi poznal vse skrivnosti in imel vse spoznanje in ko bi imel vso vero, da bi gore prestavljal, ljubezni pa bi ne imel, nisem nič. In ko bi razdal vse svoje imetje, da bi nahranil lačne, in ko bi izročil svoje telo, da bi zgorel, ljubezni pa bi ne imel, mi nič ne koristi."

(1 Korinčanom 13:1-3)

Naslednji dogodek se je odvil v sirotišnici v Južni Afriki. Otroci so eden za drugim zbolevali in njihovo stanje se je čedalje slabšalo. Tudi število otrok v sirotišnici se je povečalo. Toda vzroka za bolezni niso našli. Sirotišnica je na pomoč poklicala nekatere najbolj priznane zdravnike in ti so po temeljitem pregledu dejali: "Ko bodo otroci budni, jih objemite za deset minut in jim pri tem izkazujte ljubezen."

Na njihovo presenečenje so se bolezni začele umikati. Otroci so namreč bolj kot karkoli potrebovali toplino ljubezni. Četudi nam ni treba skrbeti za vsakdanji kruh in živimo v izobilju, brez ljubezni ne moremo ohranjati upanja oziroma volje po življenju. Potemtakem lahko rečemo, da je ljubezen najpomembnejši faktor v našem življenju.

Pomembnost duhovne ljubezni

Trinajsto poglavje Prve knjige Korinčanom, ki se imenuje poglavje o ljubezni, najprej poudarja pomembnost ljubezni in šele nato podrobneje opiše duhovno ljubezen. To pa zato, ker če govorimo človeške in angelske jezike, a nimamo ljubezni, smo postali brneč bron ali zveneče cimbale.

'Človeški jeziki' se tukaj ne nanaša na govorjenje v drugih jezikih, kot eden od darov Svetega Duha, pač pa se nanaša na vse človeške jezike na Zemlji, kot so angleščina, japonščina, francoščina, ruščina, itd. Civilizacija in znanje se ohranjata skozi jezik in tako lahko rečemo, da ima jezik izredno veliko moč. Z jezikom lahko izražamo tudi naša čustva in misli, s čimer lahko prepričamo oziroma se dotaknemo src številnih ljudi. Človeški jeziki lahko spodbudijo ljudi in je z njimi moč doseči velike stvari.

'Angelski jeziki' se nanaša na lepe besede. Angeli so duhovna bitja in predstavljajo 'lepoto'. Kadar nekdo govori lepe besede s čudovitim glasom, ljudje ta njegov glas opisujejo kot angelski. Medtem pa Bog pravi, da so tudi najbolj artikulirane človekove besede ali lepe angelske besede zgolj brneč bron oziroma zveneče cimbale (1 Korinčanom 13:1).

Težak in trd kos železa ali bakra ne oddaja glasnega zvoka, kadar z njim udarimo ob kaj. Če kos bakra oddaja glasen zvok, to pomeni, da je znotraj votel oziroma je tanek in lahek. Cimbale so glasne, ker so narejene iz tankega kosa medenine. Enako velja za človeka. Našo vrednost lahko primerjamo s pšenico s polno glavo zrn šele takrat, ko smo si napolnili naša srca z ljubeznijo in postali pravi sinovi oz. hčere Boga. Ravno nasprotno pa so tisti, ki so brez ljubezni, zgolj kakor prazno pleve. Zakaj je temu tako?

1 Janez 4:7-8 pravi: "Ljubi, ljubimo se med seboj, ker je ljubezen od Boga in ker je vsak, ki ljubi, iz Boga rojen in Boga pozna. Kdor ne ljubi, Boga ni spoznal, kajti Bog je ljubezen." Kdor ne ljubi, potemtakem nima nič skupnega z Bogom in je kakor pleve brez vsakega zrna.

Besede takšnih ljudi so povsem brez vrednosti, pa naj bodo še tako artikulirane in lepe, saj ne morejo dajati iskrene ljubezni ali življenja drugim. Takšne besede so lahke in prazne in pri ljudeh povzročajo samo nelagodje, kakor brneč bron ali zveneče cimbale. Po drugi strani pa besede, ki nosijo ljubezen, krasi velika moč za dajanje življenja. Dokaze za to najdemo v življenju Jezusa Kristusa.

Velika ljubezen daje življenje

Nekega dne je Jezus poučeval v templju, ko so farizeji in pismouki pred njega privedli žensko, ki so jo zalotili pri prešuštvovanju. V očeh farizejev in pismoukov ni bilo zaznati niti kančka sočutja.

Dejali so Jezusu: "Učitelj, tole ženo smo zasačili v prešuštvovanju. Mojzes nam je v postavi ukazal take kamnati. Kaj pa Ti praviš?" (Janez 8:4-5)

Postava v Izraelu je Božja beseda oz. Božja postava. Ta vsebuje določbo, ki pravi, da je treba prešuštnike kamnati do smrti. Če bi Jezus rekel, da jo morajo kamenjati v skladu s postavo, bi s tem nasprotoval Svojim lastnim besedam, saj je vendar ljudi učil ljubiti celo sovražnike. In če bi rekel, da naj ji odpustijo, bi zelo jasno prekršil postavo oz. nasprotoval Božji besedi.

Farizeji in pismouki so bili ponosni nase, misleč, da bodo lahko končno zlomili Jezusa. Toda Jezus je dobro poznal njihova srca, zato se je preprosto sklonil in nekaj zapisal na tla s Svojim prstom. Nato se je vzravnal in rekel: "Kdor izmed vas je brez greha, naj prvi vrže kamen vanjo" (Janez 8:7).

Ko se je Jezus ponovno sklonil in pisal po tleh s Svojim prstom, so ljudje začeli drug za drugim odhajati, dokler nista ostala le ženska in Jezus sam. Tako je Jezus rešil življenje te ženske, ne da bi prekršil postavo.

Besede farizejev in pismoukov sicer niso bile napačne, saj so zgolj navedli, kar je govorila Božja postava. Toda sam motiv za njihovimi besedami se je močno razlikoval od Jezusovega. Želeli so škodovati drugim, medtem ko je Jezus želel rešiti duše.

Če imamo takšno srce kot Jezus, bomo molili in iskali besede, s katerimi bi lahko dajali moč drugim ljudem in jih vodili do resnice. Z vsako izgovorjeno besedo si bomo prizadevali dajati življenje. Nekateri poskušajo prepričati druge ljudi z Božjo besedo oziroma poskušajo popraviti njihovo vedenje tako, da izpostavljajo njihove pomanjkljivosti in napake, ki so po njihovem mnenju slabe. A četudi imajo prav, ne bodo uspeli vcepiti sprememb v drugih ljudeh ali jim dati življenja, dokler njihove besede ne bodo izgovorjene iz ljubezni.

Zato moramo nenehno pri sebi preverjati, ali govorimo v lastni samopravičnosti in okvirih razmišljanja, ali pa naše besede izvirajo iz ljubezni, da bi dali življenje drugim. Ne sladke besede, ampak samo beseda, ki zajema duhovno ljubezen, lahko postane voda življenja, ki bo potešila žejo drugih duš, in dragoceni dragulji, ki dajejo radost in uteho trpečim dušam.

Ljubezen z dejanji žrtvovanja

'Prerokba' se v splošnem nanaša na napovedovanje prihajajočih dogodkov. V svetopisemskem smislu pa to pomeni, da smo po navdihu Svetega Duha začutili Božje srce v določeni namen in govorimo o prihajajočih dogodkih. Prerokovanje ni izvedljivo po človeški volji. 2 Peter 1:21 pravi: "Nikoli namreč nobena prerokba ni prišla po človeški volji, ampak so ljudje, nošeni od Svetega Duha, govorili v imenu Boga." Ta dar preroštva pa se ne daje kar komurkoli. Bog ne daje tega daru človeku, ki ni dosegel posvečenosti, saj je tak človek lahko postal prevzeten.

"Dar preroštva", kot ga opisuje poglavje o ljubezni, se ne daje le posebnim ljudem, temveč lahko vidi in napoveduje prihodnost vsak, ki veruje v Jezusa Kristusa in se ravna po resnici. In sicer, ko se Gospod vrne v zraku, bodo rešeni vzeti v nebo in se udeležili sedemletnega poročnega banketa, medtem pa bodo nerešeni trpeli sedem let velike stiske na tej zemlji in naposled poslani v pekel po sodbi z velikega belega prestola. A četudi imajo vsi Božji otroci dar preroštva v smislu, da lahko 'govorijo o prihajajočih dogodkih', pa nimajo vsi tudi duhovne ljubezni. In če nimajo duhovne ljubezni, bodo spreminjali svoja stališča v skladu z lastnimi koristmi in posledično z darom preroštva ne bodo pridobili ničesar. Dar kot takšen namreč ne izvira niti ne presega ljubezni.

'Skrivnost' iz Prvega pisma Korinčanom se nanaša na skrivnost, ki je bila skrita še pred začetkom časa, in to je beseda o križu (1 Korinčanom 1:18). Beseda o križu predstavlja previdnost oz. načrt po odrešenju človeštva, ki ga je Bog začrtal še pred začetkom časa v Njegovi suverenosti. Bog je vedel, da bo človek grešil in padel na pot pogubljenja, zato je še pred začetkom časa pripravil Jezusa Kristusa, da bi Ta postal Odrešenik. In dokler se ta previdnost ni izpolnila, jo je Bog ohranjal kot skrivnost. Čemu? Če bi bila pot odrešenja oznanjena, ne bi prišlo do njene izpolnitve zaradi vpletanja sovražnika hudiča in Satana (1 Korinčanom 2:6-8). Sovražnik hudič in Satan je bil prepričan, da v kolikor ubije Jezusa, bo lahko za vse veke ohranil oblast, ki jo je prejel od Adama. Toda v resnici je prav to odprlo pot odrešenja, ko je sovražnik hudič hujskal hudobne ljudi in so ti ubili Jezusa. Vendar, četudi poznamo takšno veliko skrivnost, ne bomo od tega imeli nobene koristi, če ne gojimo duhovne ljubezni.

Enako velja za spoznanje. Izraz 'vse spoznanje' se ne nanaša na akademsko znanje, ampak na spoznanje o Bogu in resnici, ki je zajeto v 66 knjigah Svetega pisma. Ko se enkrat poučimo o Bogu skozi Sveto pismo, je naša naloga srečati Boga in Ga doživeti iz prve roke in verovati Vanj iz srca. V nasprotnem primeru bo spoznanje Božje besede ostalo zgolj kot informacija v naši glavi. Morda bomo to spoznanje celo uporabili na neprimeren način, na primer za sojenje in obsojanje drugih. Spoznanje brez duhovne ljubezni nam potemtakem nič ne koristi.

Kaj pa, če gojimo tako veliko vero, da lahko premikamo gore?

Veliko vere še ne pomeni, da imamo tudi veliko ljubezni. Mera vere in mera ljubezni se namreč lahko razlikujeta. Vera lahko raste vpričo čudežev in znamenj in mogočnih Božjih del. Peter je doživel veliko Jezusovih čudežev in znamenj in prav zato je lahko - četudi zgolj za trenutek - tudi sam hodil po vodi skupaj z Jezusom. Toda Peter tisti čas ni gojil duhovne ljubezni, saj še ni prejel Svetega Duha. Tudi svojega srca si takrat še ni obrezal z odpravo grehov. Prav zato je kasneje, ko se je znašel v življenjski nevarnosti, kar trikrat zatajil Jezusa.

Zdaj razumemo, kako lahko naša vera raste z izkušnjami, medtem ko duhovna ljubezen vstopa v naša srca šele takrat, ko vložimo trud, predanost in požrtvovalnost, da bi odpravili grehe. To pa še ne pomeni, da ni absolutno nobene neposredne povezave med duhovno vero in ljubeznijo. Vera je pogoj, da si lahko začnemo prizadevati odpraviti grehe in ljubiti Boga in duše. Toda brez dejanj, s katerimi bi odražali podobnost Gospodu in vzgojili iskreno ljubezen, naše delo za Božje kraljestvo ne bo imelo ničesar opraviti z Bogom, pa naj smo še tako verni. Pravzaprav bo tako, kot je rekel Jezus: "In takrat jim Bom naznanil: 'Nikoli vas nisem poznal. Pojdite proč od Mene, kateri ravnate nepostavno!'" (Matej 7:23).

Ljubezen, ki prinaša nebeške nagrade

Proti koncu leta številne organizacije in posamezniki darujejo denar različnim televizijskim ali časopisnim družbam za pomoč ljudem v stiski. Toda, kako je v primeru, ko časopis oz. televizija ne omenita imen darovalcev? Običajno je potem manj posameznikov in podjetij pripravljenih darovati.

V Mateju 6:1-2 Jezus pravi: "Glejte, da svoje pravičnosti ne boste izkazovali pred ljudmi, da bi vas videli, sicer ne boste imeli plačila pri svojem Očetu, ki je v nebesih. Kadar torej daješ miloščino, ne trobi pred seboj, kakor delajo hinavci po shodnicah in ulicah, da bi jih ljudje hvalili. Resnično, povem vam: Dobili so svoje plačilo." Kadar pomagamo drugim, da bi nas ljudje častili, bomo morda za trenutek resnično deležni spoštovanja, vendar pa ne bomo nagrajeni od Boga.

Takšno darovanje služi le za lastno zadovoljstvo oziroma bahanje. Kadar nekdo opravlja dobrodelna dela zgolj kot formalnost, bo njegovo srce čedalje bolj vzvišeno, ko bodo deževale pohvale na njegov račun. In če Bog blagoslovi takšnega človeka, se bo ta smatral za popolnega v očeh Boga. Posledično si ne bo obrezal srca, kar mu bo samo škodovalo. Kadar ste dobrodelni iz ljubezni do vaših sosedov, vam ne bo mar, ali ljudje priznavajo to vašo dobrodelnost. Prepričani boste, da vam bo za vse povrnil vaš Bog Oče, ki vidi vašo dobrodelnost na skrivnem (Matej 6:3-4).

Dobrodelnost v Gospodu ne pomeni zgolj oskrbo z osnovnimi življenjskimi potrebščinami, kot so oblačila, hrana in nastanitev, pač pa gre predvsem za oskrbo z duhovnim kruhom za odrešitev duše. Danes, pa naj gre za vernike ali nevernike, mnogi menijo, da je vloga cerkva pomagati bolnim, zapostavljenim in revnim.

Seveda pri tem ni nič narobe, toda glavna dolžnost cerkve je oznanjati evangelij in reševati duše, da bi le-te pridobile duševni mir. Poglavitni namen dobrodelnih del leži v teh ciljih.

Zatorej, kadar pomagamo drugim, je izredno pomembno, da opravimo ustrezno dobrodelno delo po vodstvu Svetega Duha. Če nekdo prejme neustrezno pomoč, se namreč lahko hitro zgodi, da se bo oddaljil še dlje od Boga. V najslabšem primeru ga bo to celo speljalo na pot pogubljenja. Na primer, če pomagamo ljudem, ki so osiroteli zaradi alkohola ali kockanja, ali tistim, ki preživljajo stisko zaradi nasprotovanja Božji volji, jih bo naša pomoč samo še dodatno usmerila v napačno smer. Seveda pa to še ne pomeni, da ne smemo pomagati nevernikom. Ljudem brez vere moramo pomagati tako, da jim pokažemo ljubezen Boga. Pri tem pa nikakor ne smemo pozabiti, da je glavni namen dobrodelnosti oznanjevanje evangelija.

V primeru novih vernikov, ki gojijo šibko vero, je nujno potrebno, da smo jim v oporo, dokler njihova vera ne zraste. Včasih seveda tudi verni ljudje trpijo za prirojenimi hibami ali boleznimi oziroma so utrpeli poškodbe v nesreči, ki jim onemogočajo samostojno življenje. Prav tako je veliko upokojencev, ki živijo sami, in otrok, ki morajo v odsotnosti staršev podpirati družino. Ti ljudje obupno potrebujejo dobrodelno pomoč in če jim pomagamo, bo Bog blagoslovil našo dušo in nam bo šlo v vsem dobro in bomo zdravi.

10. poglavje Apostolskih del opisuje moža z imenom Kornelij,

ki je prejel blagoslov. Kornelij je imel strah pred Bogom in je veliko pomagal judovskemu ljudstvu. Bil je stotnik čete, ki je okupirala Izrael. V tem položaju mu je bilo gotovo težko pomagati lokalnemu prebivalstvu. Judje so bili prav gotovo sumničavi do njega in njegovi pomočniki so najbrž kritizirali njegovo početje. A ker se je bal Boga, ni prenehal opravljati dobrih del in dobrodelnosti. Bog je videl njegova dela in poslal Petra v njegovo hišo in tako so vsi, ne samo njegova družina, ki so bili v njegovi bližini na domu prejeli Svetega Duha in odrešenje.

Poleg dobrodelnih del je treba z ljubeznijo darovati tudi daritve Bogu. V 12. poglavju Markovega evangelija spoznamo vdovo, ki je bila pohvaljena od Jezusa, ko je darovala iz srca. Sicer je darovala zgolj dva majhna bakrena kovanca, vendar je to predstavljalo vso njeno premoženje. Zakaj jo je potem Jezus pohvalil? Matej 6:21 pravi: "Kjer je namreč tvoj zaklad, tam bo tudi tvoje srce." Kot piše, je vdova darovala vsa sredstva za preživetje, kar pomeni, da se je s celim srcem zanašala na Boga. To je bila izpoved njene ljubezni do Boga. Prav nasprotno pa daritve, ki so darovane nejevoljno ali z oziranjem na poglede in mnenja drugih ljudi, ne ugajajo Bogu. Takšne daritve posledično ne prinašajo koristi darovalcu.

Zdaj pa si poglejmo žrtvovanje. "Izročiti svoje telo, da bi zgorel," pomeni "v popolnosti žrtvovati samega sebe." Ponavadi se ljudje žrtvujejo iz ljubezni, vendar se je moč žrtvovati tudi brez ljubezni. Kakšno je potem to žrtvovanje brez ljubezni?

Pritoževanje nad okoliščinami, potem ko smo opravili Božje delo, je eden od primerov žrtvovanje brez ljubezni. Ko ste potrošili vso energijo, čas in denar za Božja dela, vendar nihče tega ne priznava in vas ne pohvali, ste razočarani in se pritožujete. Ali kadar opazujete druge Božje delavce in vas spremlja občutek, da so manj zagnani za delo kot vi, medtem ko trdijo, da ljubijo Boga in Gospoda. Pri sebi boste morda celo menili, da so lenuhi. Toda dejansko gre zgolj za vaše sojenje in obsojanje drugih. Tak odnos razkriva poželenja, da bi bile vaše zasluge razkrite pred drugimi, da bi vas ljudje hvalili in bi se lahko prevzetno bahali z vašo vdanostjo. Takšno žrtvovanje lahko hitro prelomi mir med ljudmi in povzroči bolečino za Boga. Iz tega razloga žrtvovanje brez vere ne koristi nikomur.

Morda se ne boste pritoževali odprto z besedami, a če nihče ne priznava vaših zvestih del, boste postali malodušni in prepričani, da niste nič vredni, zato se bo vaša gorečnost do Gospoda ohladila. Če nekdo izpostavi napake in pomanjkljivosti vašega dela, za katerega ste se žrtvovali in ga opravili z vso vašo močjo, boste morda izgubili voljo in krivili tiste, ki vas kritizirajo. Če nekdo obrodi več sadov od vas ter je hvaljen in priljubljen s strani drugih, boste postali ljubosumni in zavistni do njega. Tedaj ne boste občutili resnične radosti znotraj vas, pa naj ste še tako zvesti in zagnani. Lahko se celo zgodi, da boste odstopili od vaših dolžnosti.

Nekateri ljudje so zagnani samo pred očmi drugih ljudi. Kadar so sami in jih nihče ne opazuje, hitro postanejo leni in opravljajo svoja dela na površen in neprimeren način. Raje kot dela, ki niso opazna navzven, si prizadevajo opraviti tista dela, ki so jasno razvidna drugim ljudem. Razlog za to je njihova želja, da bi se pokazali svojim starešinam in drugim vernikom ter bili hvaljeni.

Kako se potemtakem lahko žrtvuje vernik brez ljubezni? To je mogoče, ker tak človek nima duhovne ljubezni. Takšnim ljudem manjka občutek lastništva, zato ne verjamejo, da kar je od Boga, je njihovo, in kar je njihovo, je od Boga.

Primerjajmo na primer situaciji, ko nek kmet obdeluje lastno zemljo, medtem ko nek drug kmet obdeluje tujo zemljo in prejema plačilo. Kadar kmet obdeluje lastno zemljo, rade volje gara od jutra do poznega večera. Skrbno izpolnjuje vse kmetijske dolžnosti in je vselej uspešen. Po drugi strani pa najeti kmet, ki obdeluje zemljo druge osebe, pri delu ne vloži vse svoje energije, ampak si želi le, da bi sonce čim prej zašlo, da bo lahko pograbil plačilo in odšel domov. Enako načelo velja tudi za kraljestvo Boga. Če ljudje ne gojijo ljubezni do Boga v svojih srcih, bodo Zanj delali površno, kakor najete roke, ki si želijo samo svojega plačila. In če nazadnje ne prejmejo pričakovanega plačila, bodo tarnali in se pritoževali na ves glas.

Prav zato Pismo Kološanom 3:23-24 pravi: "Karkoli že delate, delajte iz srca, kot da delate za Gospoda, ne za ljudi, saj veste, da boste v povračilo prejeli dediščino od Gospoda. Služíte Gospodu Kristusu." Pomoč drugim in žrtvovanje brez duhovne vere nimata nič opraviti z Bogom, zato tudi ne moremo prejeti nobenega plačila od Boga (Matej 6:2).

Če se želimo žrtvovati z iskrenim srcem, moramo posedovati duhovno ljubezen v našem srcu. Če je naše srce napolnjeno z iskreno ljubeznijo, lahko še naprej posvečamo naše življenje Gospodu, pa naj nas drugi priznavajo ali ne. Tako kot sveča gori in razsvetljuje temo, tako lahko mi predamo vse, kar je našega. Ko so duhovniki v Stari zavezi umorili kakšno žival, da bi jo darovali Bogu kot spravno daritev, so izlili njeno kri in sežgali njeno meso v ognju oltarja. Naš Gospod Jezus je kot žival, darovana kot spravna daritev za naš greh, prelil še zadnjo kapljo Svoje krvi in vode, da bi odkupil vso človeštvo njihovih grehov. Tako nam je pokazal primer resničnega žrtvovanja.

Kako to, da je bilo Njegovo žrtvovanje tako uspešno in je toliko duš pridobilo odrešenje? Razlog je ta, ker je bilo Njegovo žrtvovanje opravljeno v popolni ljubezni. Jezus je izpolnil voljo Boga do te mere, da je žrtvoval Svoje življenje. Še v zadnjem trenutku pred križanjem je daroval posredniško molitev za duše (Luka 23:34). Zaradi tega resničnega žrtvovanja Ga je Bog povzdignil in Ga nagradil z najbolj veličastnim položajem v vseh nebesih.

Pismo Filipljanom 2:9-10 pravi: "Zato Ga je Bog povzdignil nad vse in Mu podaril ime, ki je nad vsakim imenom, da se v Jezusovem imenu pripogne vsako koleno bitij v nebesih, na zemlji in pod zemljo"

Če završemo pohlep in nečista poželenja ter se žrtvujemo s čistim srcem kakor Jezus, nas bo Bog povzdignil in vodil do višjih položajev. Naš Gospod nam v Mateju 5:8 namreč obljublja: "Blagor čistim v srcu, kajti Boga bodo gledali." Prejeli bomo torej blagoslov, da bomo lahko gledali Boga iz oči v oči.

Ljubezen, ki presega pravico

Pastorju Yang Won Sohnu pravijo 'atomska bomba ljubezni'. Služi namreč kot primer žrtvovanja iz iskrene ljubezni. Z vsemi močmi je skrbel za gobavce. Zaprt je bil v ječo, ker je ostro zavrnil čaščenje v vojnih svetiščih pod japonsko nadvlado v Koreji. A kljub njegovemu predanemu delu za Boga se je moral soočiti z grozljivimi novicami. Oktobra 1948 so v uporu zoper vladajoče oblasti levičarski vojaki umorili dva njegova sinova.

Preprosti ljudje bi se pritožili pred Bogom, rekoč: "Če Bog živi, kako je mogel dovoliti kaj takšnega?" Toda pastor je preprosto izrazil zahvalo, da sta njegova sinova lahko postala mučenika in odšla v nebesa na Gospodovo stran. Povrh tega je odpustil uporniku, ki je umoril njegova sinova in ga celo posvojil kot lastnega sina. Na pogrebu sinov se je v devetih točkah zahvalil Bogu, kar je močno ganilo srca številnih ljudi.

"Najprej se zahvaljujem, da sta moja sinova lahko postala mučenika, čeprav sta bila rojena iz moje krvi, polne grešnosti.

Kot drugo se zahvaljujem Bogu, ki je med vsemi družinami blagoslovil prav mojo družino z dragocenima sinovoma.

Kot tretje se zahvaljujem, da sta bila med mojimi tremi sinovi in tremi hčerami žrtvovana ravno najbolj čudovita sinova, moj prvi in drugi sin.

Kot četrto, težko je žrtvovati že enega sina, a osebno sem hvaležen, da sem imel dva sinova, ki sta postala mučenika.

Kot peto, blagoslov je umreti v miru z vero v Gospoda Jezusa, zato se zahvaljujem, da sta prejela veličastvo mučeništva, potem ko sta bila ustreljena in ubita med oznanjevanjem evangelija.

Kot šesto, pripravljala sta se na odhod na študij v Združene države Amerike, zdaj pa sta odšla v nebeško kraljestvo, ki je mnogo bolj veličasten kraj od Združenih držav. Hvaležen sem in čutim veliko olajšanje.

Kot sedmo se zahvaljujem Bogu, ki mi je omogočil posvojiti sovražnika, morilca mojih sinov.

Kot osmo se zahvaljujem, kajti verjamem, da bom v nebesih bogato blagoslovljen na račun mučeništva mojih sinov.

In kot deveto se zahvaljujem Bogu, ki mi je omogočil spoznati Božjo ljubezen, skozi katero se znam razveseljevati celo v tovrstni stiski."

Da bi lahko skrbel za bolne ljudi, pastor Yang Won Sohn ni

zapustil države niti v času korejske vojne. Nazadnje je dosegel mučeništvo pod rokami komunističnih vojakov. Skrbel je za bolne, ki so jih drugi zapustili, in v dobroti je ravnal s sovražnikom, ki je ubil njegova sinova. Pripravljen je bil žrtvovati svoje življenje, saj je bil poln iskrene ljubezni do Boga in drugih duš.

V pismu Kološanom 3:14 nam Bog pravi: "Nad vsem tem pa naj bo ljubezen, ki je vez popolnosti." Četudi govorimo čudovite besede angelov, znamo prerokovati, z vero premikati gore in se žrtvujemo za pomoči potrebne ljudi, pa naša dejanja ne bodo popolna v očeh Boga, če jih ne bomo počeli iz iskrene ljubezni.

No, pa si podrobneje oglejmo posamezne pomene, ki jih nosi iskrena ljubezen, da bomo lažje osvojili brezmejno dimenzijo Božje ljubezni.

Značilnosti ljubezni

"Ljubezen je potrpežljiva, dobrotljiva je ljubezen, ni nevoščljiva, ljubezen se ne ponaša, se ne napihuje, ni brezobzirna, ne išče svojega, ne da se razdražiti, ne misli hudega. Ne veseli se krivice, veseli pa se resnice. Vse prenaša, vse veruje, vse upa, vse prestane."

1 Korinčanom 13:4-7

24. poglavje Matejevega evangelija opisuje prizor, v katerem Jezus z žalostjo zre nad Jeruzalem, vedoč, da se bliža Njegov čas. Po Božji previdnosti je moral biti pribit na križ, vendar ob misli na nesrečo, ki bo doletela Jude in Jeruzalem, nikakor ni mogel zadušiti občutka velike žalosti. Njegovi učenci so to opazili in Ga vprašali: "Povej nam, kdaj bo to in kakšno bo znamenje Tvojega prihoda in konca sveta?" (3. vrstica)

Jezus jim je opisal številna znamenja in z obžalovanjem dejal, da se bo ljubezen ohladila: "Ker se bo nepostavnost povečala, se bo ljubezen pri mnogih ohladila" (12. vrstica).

Danes lahko vsekakor čutimo, kako se je ljubezen pri ljudeh ohladila. Mnogi iščejo ljubezen, a ne vedo, kaj iskrena ljubezen sploh pomeni, in sicer je to duhovna ljubezen. Iskrene ljubezni ne moremo posedovati samo zato, ker si tega želimo. Pridobivati jo lahko začnemo šele, ko v naša srca vstopi Božja ljubezen. Tedaj bomo začeli dojemati, kakšna je ta ljubezen in posledično začnemo odpravljati hudobijo iz našega srca.

Pismo Rimljanom 5:5 pravi: "Upanje pa ne osramoti, ker je Božja ljubezen izlita v naša srca po Svetem Duhu, ki nam je bil dan." Kot piše, lahko začutimo Božjo ljubezen preko Svetega Duha v našem srcu.

V Prvem pismu Korinčanom 13:4-7 nam Bog opisuje značilnosti duhovne ljubezni. Božji otroci morajo osvojiti te značilnosti in jih izpolnjevati, da bi postali glasniki ljubezni, ki ljudem omogočajo začutiti to duhovno ljubezen.

1. Ljubezen je potrpežljiva

Če nekomu primanjkuje potrpežljivosti, bo zagotovo črpal voljo drugim ljudem. Predstavljajmo si, da nadzornik naloži določeno nalogo delavcu, a je ta ne opravi zadovoljivo, zato nadzornik to delo preda nekomu drugemu. Prvotni delavec, kateremu je bila dana naloga, bo lahko zdrsel v obup, ker mu ni bila ponujena še ena priložnosti, da bi se odkupil za napako. Zato je Bog postavil 'potrpežljivost' kot prvo značilnost duhovne ljubezni, saj predstavlja najbolj osnovno lastnost za vzgojitev duhovne ljubezni. Če posedujemo ljubezen, nam ni težko čakati.

Ko enkrat spoznamo Božjo ljubezen, jo želimo deliti z ljudmi v naši okolici. Včasih, ko si tako prizadevamo ljubiti druge, naletimo na neželene reakcije od ljudi, ki nam lahko hitro zlomijo srce, povzročijo izgubo ali škodo. Takšni ljudi tedaj več ne bodo videti prijetni in naše razumevanje do njih bo močno zbledelo. Toda če želimo pridobiti duhovno ljubezen, moramo biti potrpežljivi in ljubiti tudi takšne ljudi. Četudi nas blatijo, sovražijo ali nas brez razloga spravljajo v stisko, moramo ostati stanovitni, potrpežljivi in jim vračati z ljubeznijo.

Nek cerkveni član me je nekoč prosil, da bi molil za njegovo ženo, ki je trpela za depresijo. Priznal je tudi, da je sam alkoholik in da ko enkrat začne piti, se njegova osebnost povsem spremeni in začne trpinčiti družinske člane. Njegova žena je bila kljub temu vedno potrpežljiva z njim in poskušala braniti njegove napake z ljubeznijo. Skozi čas je postal alkoholik, njegova žena pa izgubila voljo za življenje in zdrsela v veliko depresijo.

Zaradi popivanja je močno trpinčil družino, a zdaj je prišel po mojo molitev, saj je še naprej močno ljubil ženo. Poslušal sem njegovo zgodbo in dejal: "Če resnično ljubite ženo, zakaj je potem tako težko odnehati kaditi in popivati?" Možakar je obnemel in navidez izgubil zaupanje vase. Bilo mi je žal njegove družine. Molil sem za njegovo ženo, da bi premagala depresijo, in zanj, da bi zbral dovolj moči ter odnehal kaditi in popivati. Božja moč je bila naravnost neverjetna! Takoj po molitvi je prenehal razmišljati o pijači. Kaj takšnega je bilo prej popolnoma nemogoče, toda po molitvi je preprosto odnehal brez pomislekov. Tudi njegova žena je bila ozdravljena depresije.

Potrpežljivost pomeni začetek duhovne ljubezni

Da bi vzgojili duhovno ljubezen, moramo biti potrpežljivi z drugimi ne glede na okoliščine. Vam stanovitnost povzroča nelagodje? Ali pa, kot v primeru žene iz opisane zgodbe, izgubite voljo, če ste bili dlje časa potrpežljivi in se situacija ni prav nič izboljšala? Potem morate, namesto da bi krivili okoliščine ali druge ljudi, najprej preveriti lastno srce. Če ste vzgojili popolno resnico v vašem srcu, potem boste znali ostati potrpežljivi v vseh situacijah. Namreč, če niste potrpežljivi, to pomeni, da v srcu še naprej nosite hudobijo, ki je neresnica, in to v enaki meri kot vam primanjkuje potrpežljivosti.

Biti potrpežljiv pomeni, da smo potrpežljivi s samim seboj in vsemi težavami, s katerimi se soočamo, ko si prizadevamo izkazati iskreno ljubezen. Ko skušamo ljubiti vse ljudi v poslušnosti Božji besedi, lahko kaj hitro zabredemo v težavne položaje, in takrat moramo ostati potrpežljivi v duhovni ljubezni.

Ta potrpežljivost pa se razlikuje od potrpežljivosti kot enega devetih sadov Svetega Duha iz pisma Galačanom 5:22-23. Kako se razlikuje? "Potrpežljivost" kot eden devetih sadov Svetega Duha nas spodbuja k splošni potrpežljivosti v dobro kraljestva Božje pravičnosti, medtem ko nam potrpežljivost v duhovni ljubezni narekuje vzgojiti duhovno ljubezen in tako nosi bolj ozek in specifičen pomen. Zato lahko rečemo, da deluje znotraj potrpežljivosti kot enega devetih sadov Svetega Duha.

Danes ljudje hitro vložijo tožbo zoper drugih ljudi, če so utrpeli že najmanjšo škodo na svojem premoženju ali blaginji.

Potrpežljivost kot eden devetih sadov Svetega Duha	1. Ko odpravimo vse neresnice in obdelamo srce z resnico 2. Ko kažemo razumevanje do drugih, iščemo njihovo korist in ohranjamo mir z njimi 3. Ko so uslišane naše molitve, odrešenje in vse, kar je Bog obljubil

Med ljudmi tako ždi cela poplava tožb. Pogosto tožijo tudi svoje zakonske partnerje ali celo starše oziroma otroke. V kolikor ostajate potrpežljivi z drugimi, vas ljudje utegnejo zasmehovati in imeti za bedaka. In kaj pravi Jezus?

V Mateju 5:39 piše: "Jaz pa vam pravim: Ne upirajte se hudobnežu, ampak če te kdo udari po desnem licu, mu nastavi še levo," in v Mateju 5:40: "In če se hoče kdo pravdati s teboj in ti vzeti obleko, mu pusti še plašč."

Jezus nam ne pravi zgolj, naj ne poplačamo zla z zlom, temveč naj ostajamo potrpežljivi. Prav tako nam pravi, naj bomo dobri do hudobnih ljudi. Morda bomo pomislili: 'Kako naj bom dober do ljudi, ko pa sem tako besen in užaljen?' Toda če gojimo vero in ljubezen, nam to ne bo težko. Gre namreč za vero in ljubezen Boga, ki je dal Svojega edinorojenega Sina v spravno daritev za naše grehe. Če resnično verjamemo, da smo prejeli tovrstno ljubezen, potem znamo odpuščati tudi tistim ljudem, ki so nam povzročili trpljenje in bolečino. Če ljubimo Boga, ki je ljubil nas do te mere, da je žrtvoval Svojega edinega Sina za nas, in če ljubimo Gospoda, ki je dal Svoje življenje za nas, potem bomo zmožni ljubiti vsakogar in kogarkoli.

Potrpežljivost brez meja

Nekateri ljudje potešijo sovraštvo, jezo, razdražljivost in druga zlonamerna čustva, dokler naposled ne dosežejo meje svoje potrpežljivosti in izbruhnejo. Nekateri vase zaprti ljudje se le redko izražajo v družbi, medtem ko trpijo v srcih, in to nazadnje privede do zdravstvenih težav kot posledica prekomernega stresa. Takšno potrpežljivost lahko primerjamo s stiskanjem kovinske vzmeti z rokami. Če z rokami samo malo popustite, bo vzmet nemudoma odskočila.

Bog si želi potrpežljivosti, s katero bomo vztrajali vse do konca, brez vsake spremembe v našem odnosu in razmišljanju. Povedano natančneje, če imamo tovrstno potrpežljivost, potem nam sploh ni treba biti potrpežljiv z ničemer, saj ne bomo gojili sovraštva in zamer v naših srcih, temveč bomo izkoreninili prvotno hudobijo, ki nam je rojevala zlonamerna čustva, in jo preoblikovali v ljubezen in sočutje. To je bistvo duhovnega pomena potrpežljivosti. Če v srcu ne nosimo nobene hudobije, ampak samo duhovno ljubezen in polnost, nam ni težko ljubiti niti naših sovražnikov. Pravzaprav ne bomo dovolili, da bi se kakršnokoli sovraštvo sploh razvilo.

Če je naše srce polno sovraštva, konfliktov, zavisti in ljubosumja, bomo najprej opazili negativne točke drugih ljudi, četudi imajo le-ti dejansko dobro srce. To je tako, kot kadar nosite sončna očala in je vse videti temnejše. Po drugi strani pa, če je naše srce polno ljubezni, so še tisti najbolj hudobni ljudje videti prijetni. Nikakor jih ne bomo sovražili, ne glede na njihove slabosti, napake, pomanjkljivosti ali šibkosti. Četudi nas sovražijo in so do nas hudobni, jim sovraštva ne bomo vračali.

Potrpežljivost seveda najdemo tudi v srcu Jezusa, ki

'nalomljenega trsta ne zlomi in tlečega stenja ne ugasne'. Tudi Štefan je molil za tiste, ki so ga kamenjali, rekoč: "Gospod, ne prištevaj jim tega greha!" (Apostolska dela 7:60). Kamenjali so ga samo zato, ker jim je oznanjeval evangelij. Ali je bilo Jezusu težko ljubiti grešnike? Nikakor! Njegovo srce je namreč resnica sama.

Nekega dne je Peter Jezusu postavil vprašanje: "Gospod, kolikokrat naj odpustim svojemu bratu, če greši zoper mene? Do sedemkrat?" (Matej 18:21). Jezus mu je dejal: "Ne pravim ti do sedemkrat, ampak do sedemdesetkrat sedemkrat" (22. vrstica). To pa ne pomeni, da moramo odpustiti zgolj sedemdesetkrat sedemkrat, kar nanese 490-krat. Število sedem v duhovnem smislu simbolizira popolnost. Odpustiti sedemdesetkrat sedemkrat potemtakem predstavlja popolno odpuščanje. Takrat bomo začutili brezmejno ljubezen in odpuščanje Jezusa.

Potrpežljivost, ki rodi duhovno ljubezen

Seveda ni preprosto kar čez noč spremeniti sovraštvo v ljubezen. Za to moramo biti potrpežljivi dolgo časa brez postanka. Pismo Efežanom 4:26 pravi: "Jezite se, a nikar ne grešite; sonce naj ne zaide nad vašo jezo."

Tukaj piše 'jezite se' z mislimi na tiste, ki imajo šibko vero. Bog tem ljudem sporoča, da četudi se razjezijo zaradi pomanjkanja vere, nikakor ne smejo gojiti te jeze do večera oziroma 'dolgo časa', pač pa morajo čustva pokoriti razumu. Ko govorimo o posameznikovi meri vere, tudi kadar začnemo gojiti zamere ali bruhamo jezo v našem srcu, v kolikor se trudimo zadušiti ta čustva s potrpežljivostjo in vztrajnostjo, lahko spreobrnemo naše srce v resnico in malo po malo bo rasla duhovna ljubezen v našem srcu.

Ko pa govorimo o grešni naravi, ki se je zakoreninila globoko v srcu, jo lahko oseba odpravi samo z gorečo molitvijo s polnostjo Svetega Duha. Izredno pomembno je, da se trudimo z odobravanjem gledati na ljudi, ki jih ne maramo, in jim izkazujemo dobroto. Pri tem bo sovraštvo v našem srcu kmalu izginilo in takrat bomo zmožni ljubiti te ljudi. Živeli bomo brez razprtij in nikogar ne bomo sovražili. Naše življenje bo srečno kot v nebesih, kakor pravi Gospod: "Kajti glejte, Božje kraljestvo je med vami" (Luka 17:21).

Ko so ljudje srečni, radi pravijo, da je kakor bi bili v nebesih. Podobno se izraz 'Božje kraljestvo je med vami' nanaša na stanje, ko ste odpravili vse neresnice iz vašega srca ter ga zapolnili z resnico, ljubeznijo in dobroto. Tako vam ni treba biti potrpežljiv, saj ljubite vse ljudi okrog vas in ste vedno srečni, veseli in polni milosti. Več, ko ste izkoreninili hudobije in obrodili dobroto, manj potrpežljivosti potrebujete. In več, ko gojite duhovne ljubezni, manj potrpežljivosti potrebujte za zadušitev čustev, saj boste preprosto v miru počakali, da se drugi ljudje spreobrnejo z ljubeznijo.

V nebesih ni solza, ne žalosti in ne bolečine. Ker tam ni zla, ampak samo ljubezen in dobrota, ne boste nikogar sovražili, se jezili ali bili vzkipljivi. Ne bo vam treba brzdati in nadzorovati čustev. Seveda naš Bog nikoli ne potrebuje potrpežljivosti, kajti Bog je ljubezen sama. Sveto pismo ravno zato pravi, da je 'ljubezen potrpežljiva', saj imamo ljudje svojo dušo, misli in psihološko ravnovesje. In Bog si želi pomagati ljudem razumeti. Bolj ko ste izkoreninili hudobijo in obrodili dobroto, manj potrpežljivosti potrebujete.

Kako s potrpežljivostjo spremeniti sovražnika v prijatelja

Abraham Lincoln, šestnajsti predsednik Združenih držav, ni bil v dobrem odnosu z Edwinom Stantonom, ko sta bila še odvetnika. Stanton je izhajal iz premožne družine in je pridobil dobro izobrazbo, medtem ko je bil Lincolnov oče reven čevljar, ki ni končal niti osnovne šole. Stanton je zasmehoval Lincolna z zbadljivkami, a se ta nikoli ni razjezil ali odzval s sovražnostjo.

Ko je bil Lincoln izvoljen za predsednika, je postavil Stantona za vojnega ministra, kar je bil eden najpomembnejših položajev v kabinetu. Lincoln se je zavedel, da je Stanton pravi človek za to nalogo. Kasneje, ko so Lincolna ustrelili v Fordovem gledališču, so se ljudje razbežali v strahu za svojim življenjem. Toda Stanton je stekel naravnost do Lincolna. Držal ga je v naročju in s solzami v očeh govoril: "Tukaj leži največji človek v očeh sveta. Največji voditelj v zgodovini."

Potrpežljivost v duhovni ljubezni lahko prikliče čudeže, po katerih se sovražniki spremenijo v prijatelje. Matej 5:45 pravi: "... da boste postali sinovi svojega Očeta, ki je v nebesih. On namreč daje Svojemu soncu, da vzhaja nad hudobnimi in dobrimi, ter pošilja dež pravičnim in krivičnim."

Bog je potrpežljiv tudi s hudobnimi ljudmi, saj si želi, da bi se nekega dne spreobrnili. Če hudobne ljudi obravnavamo s hudobijo, to pomeni, da smo tudi sami hudobni. Če pa smo potrpežljivi, jih ljubimo in se zgledujemo po Bogu, nas bo Ta kasneje nagradil s čudovitim nebeškim bivališčem v nebesih (Psalmi 37:8-9).

2. Ljubezen je dobrotljiva

V Ezopovih basnih najdemo zgodbo o soncu in vetru. Nekega dne sta sonce in veter sklenila stavo, kdo od njiju bo prvi odstranil plašč mimoidočemu. Veter je poskusil prvi, zmagoslavno pihnil in poslal dovolj močan sunek vetra, da je ta podrl drevo. Toda možakar se je samo še bolj tesno ovil v plašč. Nato je sonce, z nasmeškom na obrazu, nežno sprožilo tople sončne žarke. Ozračje se je otoplilo, možakarju je postalo vroče in kmalu je slekel plašč.

Ta zgodba nam daje zelo dober nauk. Veter je poskušal prisiliti možakarja, da bi snel plašč, medtem pa je sonce možakarja spodbudilo, da je ta prostovoljno snel plašč. Pri dobroti gre za zelo podobno stvar. Dobrota je, kadar se dotaknemo in osvojimo srca drugih ljudi, vendar ne s fizično silo, pač pa z dobroto in ljubeznijo.

Dobrota sprejema vse ljudi

Kdor je dober v srcu, sprejema vsakogar, in številnim daje uteho. Slovar dobroto definira kot 'stanje prijaznosti' in biti prijazen pomeni biti potrpežljive in prizanesljive narave. Če pomislite na kos bombaža, boste lažje razumeli dobroto. Bombaž ne sproža nobenega zvoka ob stiku z drugimi predmeti, temveč preprosto zaobjame vse predmete.

Dobra oseba je kakor drevo, ob katerem lahko počiva množica. Če se na peklenski poletni dan zatečete pod drevo, vam bo hladneje in se boste bolje počutili. In enako kadar ima posameznik dobro srce, si veliko ljudi želi počivati v njegovi bližini.

Običajno velja, da če je človek dober in blag, se ne bo razjezil nad ljudmi, ki ga nadlegujejo, in prav tako ne bo vztrajal pri lastnih stališčih, saj vendar govorimo o krotki in prijazni osebi. Toda naj bo še tako blag in krotek, če Bog ne priznava njegove dobrote, v resnici ne bo veljal za krotkega človeka. Nekateri se podrejajo drugim ljudem samo zato, ker so po naravi šibki in starokopitni. Spet drugi zadušijo jezo, ko so razburjeni, ker jim ljudje grenijo življenje. Ti ljudje nikakor ne veljajo za dobre. Resnično dobri so le tisti, ki so brez vsake hudobije, gojijo samo ljubezen v srcu ter prenašajo hudobne ljudi z duhovno krotkostjo.

Bog si želi duhovne dobrote

Duhovna dobrota je rezultat polnosti duhovne ljubezni ob popolni odsotnosti hudobije. Z duhovno dobroto nikomur ne nasprotujete, temveč sprejemate vsakogar, pa naj bo še tak malopridnež. Pri tem vztrajate tudi zaradi svoje modrosti. Vseeno pa je treba vedeti, da ne moremo veljati za dobre samo zato, ker brezpogojno razumemo in odpuščamo drugim ljudem in smo do vsakogar prizanesljivi. Prav tako potrebujemo pravičnost, dostojanstvo in avtoriteto, da bi lahko usmerjali in vplivali na druge ljudi. Duhovno dober človek potemtakem ni le nežen, ampak hkrati moder in pošten. Tak človek vodi zgledno življenje. Povedano natančneje, duhovna dobrota pomeni nositi krotkost v notranjosti srca in velikodušnost v svoji zunanjosti.

Četudi gojimo dobro srce brez vsake hudobije, v kolikor nas krasi zgolj notranja nežnost, nas ta sama ne more voditi do sprejemanja in usmerjanja drugih ljudi. Šele ko smo osvojili tako notranje kot zunanje značilnosti velikodušnosti, bo naša dobrota popolna in izkazovali bomo večjo moč. Če posedujemo velikodušnost, skupaj z dobrim srcem, bomo osvajali srca številnih ljudi in dosegli veliko več.

Posameznik lahko izkazuje iskreno ljubezen do ljudi, kadar v srcu nosi dobroto in prijaznost, polnost in sočutje, kot tudi velikodušnost. Samo tako bo lahko vodil druge v pravo smer, in sicer na pot odrešenja. Notranja dobrota ne more sijati s svojo lučjo brez zunanje velikodušnosti. No, pa si poglejmo, kaj moramo narediti, da bi obrodili notranjo dobroto.

Posvečenost kot standard za merjenje notranje dobrote

Da bi dosegli dobroto, moramo najprej odpraviti vso hudobijo iz našega srca in postati posvečeni. Dobro srce je kakor bombaž, zato tudi ob soočenju z agresivno osebo ne oddaja nobenega zvoka, ampak preprosto sprejema takšno osebo. Človek dobrega srca je povsem brez hudobije in nima nobenih sporov z nikomer.

V kolikor pa nosimo ostro srce sovraštva, ljubosumja in zavisti, oziroma otrdelo srce samopravičnosti in nepopustljivih predsodkov, potem bomo težko sprejemali druge.

Kamen ob padcu na drug trd kamen ali kovinski predmet odda zvok in se odbije proč. In na enak način, če naš meseni jaz še živi, bomo vzbudili nelagodna čustva, če nam drugi povzročijo že najmanjšo neprijetnost. Kadar se za nekoga smatra, da ima pomanjkljivosti v značaju in druge napake, ga morda ne bomo ščitili ali z njim sočustvovali, temveč ga bomo obsojali, opravljali in obrekovali. To pomeni, da smo kakor majhna posoda, v kateri se vsebina razlije čez rob, če karkoli dolijete vanjo.

Gre za majhno srce, polno številnih umazanij, v katerem ni ostalo prav nič prostora, da bi še kaj sprejelo. Tako bomo hitro užaljeni, kadar drugi izpostavijo naše napake. Vpričo šepetajočih ljudi bomo takoj pomislili, da govorijo o nas. Hitro bomo obsojali druge, če nas bodo samo bežno ošinili z očmi.

Popolna odsotnost hudobije v srcu je osnovni pogoj za vzgojitev dobrote. Če nimamo hudobije, lahko namreč cenimo druge ljudi v našem srcu in nanje gledamo z dobroto in ljubeznijo. Dobra oseba vedno obravnava ljudi z milostjo in sočutjem. Tak človek nikoli nikogar ne obsoja, pač pa si prizadeva z ljubeznijo in dobroto sočustvovati z ljudmi. Posledično se ob njegovi toplini spreobrnejo tudi tisti najbolj hudobni ljudje.

Še zlasti pa je pomembno, da dosežejo posvečenost tisti, ki

poučujejo in usmerjajo druge ljudi. Kajti če gojijo hudobijo, bodo le-to sproščali skozi lastne mesene misli. Posledično ne bodo pravilno dojemali položaja vernikov in ne bodo sposobni voditi duš do zelenih pašnikov in k vodam počitka. Šele ko smo v popolnosti posvečeni, lahko prejmemo vodstvo Svetega Duha ter pravilno razumemo položaj vernikov in jih usmerjamo na najboljši način. Bog priznava resnično dobroto samo tistim, ki so v celoti posvečeni. Ljudje imajo različna merila o tem, kaj pomeni biti dober človek, obenem pa se dobrota v očeh človeka razlikuje od dobrote v očeh Boga!

Bog je priznal Mojzesovo dobroto

Sveto pismo opisuje, kako je Bog priznal dobroto Mojzesa. V 12. poglavju Numerov spoznamo, kako pomembno je biti priznan od Boga. Brat Aron in sestra Miriam sta kritizirala Mojzesa, ko se je ta poročil s kušíjsko ženo.

Numeri 12:2 pravijo: "Rekla sta: 'Ali je GOSPOD govoril samo z Mojzesom? Mar ni govoril tudi z nama?' In GOSPOD je to slišal."

Kako se je Bog odzval na te njune besede? "Odkrito govorim z njim od ust do ust in ne v ugankah in GOSPODOVO podobo sme gledati. Zakaj se nista bala govoriti proti mojemu služabniku Mojzesu?" (Numeri 12:8)

Aronovo in Miriamino obsojanje Mojzesa je razbesnelo Boga

in kot rezultat je Miriam postala gobava. Aron je bil kot nekakšen govornik za Mojzesa in tudi Miriam je bila ena od voditeljev kongregacije. Misleč, da sta tudi sama ljubljena in priznana od Boga, sta nemudoma oštela Mojzesa, ko sta bila prepričana, da je ta storil kaj napačnega.

Toda Bog ni sprejel njunega obsojanja in nasprotovanja Mojzesu. Kakšen človek je bil Mojzes? Od Boga je bil priznan kot najskromnejši in najkrotkejši človek med vsemi na obličju zemlje. Prav tako je bil zvest v vsej božji hiši in si tako pridobil tolikšno zaupanje Boga, da je lahko govoril z Njim na štiri oči.

Če si podrobneje ogledamo izhod Izraelcev iz Egipta v kanaansko deželo, bomo lažje razumeli, zakaj je Bog tako močno cenil Mojzesa. Ljudje, ki so prišli iz Egipta, so neprenehoma grešili in nasprotovali Božji volji. Pritoževali so se nad Mojzesom in ga krivili že za najmanjše nevšečnosti, in to je bilo enako, kot bi se pritoževali nad Bogom. Toda vsakič, ko so se pritožili, je Mojzes prosil za Božje usmiljenje.

Naslednji dogodek še najlepše potrjuje Mojzesovo dobroto. Ko se je Mojzes odpravil na Sinajsko goro, da bi prejel zapovedi, so ljudje izoblikovali podobo – zlato tele – in jo častili, medtem pa jedli, pili in se predajali razuzdanosti. Egipčani so častili boga, ki je bil kakor bik oziroma krava. Bog jim je dal večkrat vedeti, da jim stoji ob strani, a Egipčani niso pokazali nobene volje po preobrazbi. Naposled se je nanje zgrnil Božji srd. Toda Mojzes se je ponovno zavzel zanje in jamčil svoje lastno življenje: "Vendar zdaj, ko bi Ti odpustil njihov greh! Če pa ne, izbriši, prosim, mene iz Svoje knjige, ki Si jo napisal!" (Eksodus 32:32)

'Svoja knjiga, ki Si jo napisal' se nanaša na knjigo življenja, ki beleži imena rešenih ljudi. Če je vaše ime izbrisano iz knjige življenja, ne morete biti rešeni. To pa ne pomeni le, da ne boste prejeli odrešenja, ampak boste trpeli v peklu za vse veke. Mojzes je dobro poznal posmrtno življenje, a je želel rešiti ljudi, četudi bi moral žrtvovati lastno odrešenje zanje. To Mojzesovo srce je bilo na las podobno srcu Boga, ki si za nikogar ne želi, da bi bil pogubljen.

Mojzes je vzgojil dobroto skozi preizkušnje

Sprva Mojzes seveda ni gojil tolikšne dobrote. Čeprav je bil Hebrejec, je odraščal v izobilju kot sin egipčanske princese. Prejel je izobrazbo najvišje stopnje in osvojil veščine bojevanja. Prav tako je bil ponosen na svojo samopravičnost. Ko je nekega dne videl Egipčana pretepati Hebrejca, je v svoji samopravičnosti umoril Egipčana.

Zaradi tega je čez noč postal ubežnik. Ostal je brez vsega, a na njegovo srečo in ob pomoči Midianskega duhovnika postal pastir v puščavi. Skrb za čredo je bilo ponižno delo v očeh Egipčanov in zdaj je moral Mojzes štirideset let početi to, kar je vse življenje zaničeval. Skozi ta proces se je Mojzes v celoti ponižal, saj je dojel veliko stvari o življenju in Božji ljubezni.

Bog ni imenoval Mojzesa, egipčanskega princa, za voditelja Izraelovega ljudstva. Bog je imenoval Mojzesa za pastirja, ki se je večkrat ponižal, pogosto tudi ob Božjem klicu. Mojzes se je v celoti ponižal in skozi preizkušnje odpravil vso hudobijo iz svojega srca, in prav zato je lahko povedel več kot 600.000 ljudi iz Egipta v kanaansko deželo.

Pri vzgajanju dobrote je najpomembneje, da se ponižamo pred Bogom v preizkušnjah, ki so nam bile omogočene. Mera naše ponižnosti prav tako igra pomembno vlogo. Če se zadovoljimo z našim trenutnim stanjem, misleč, da smo obrodili določeno mero resnice in nas ljudje spoštujejo, tako kot je bilo v primeru Arona in Miriam, potem bomo postali samo še bolj prevzetni.

Iskrena velikodušnost dopolnjuje duhovno dobroto

Da bi vzgojili duhovno dobroto, moramo ne le postati posvečeni, tako da odpravimo vse oblike hudobije, ampak moramo vzgojiti tudi iskreno velikodušnost. Iskrena velikodušnost zahteva razumevanje in sprejemanje drugih; izpolnjevanje dolžnosti človeka; ter oblikovanje osebnosti, ki ljudem omogoča, da vam predajo srca, saj poznate njihove šibke točke in jih sprejemate. Takšni ljudje izžarevajo ljubezen, ki vliva zaupanje drugim ljudem.

Iskrena velikodušnost je kakor oblačilo, ki ga ljudje nosijo. Ne glede na to, kako dobri smo navznoter, nas bodo ljudje zaničevali, če bomo goli. Dokler ne osvojimo iskrene velikodušnosti, ne moremo izkazovati dobrote. Na primer, če je neka oseba dobra po srcu, a pogosto bruha neprimerne besede v pogovorih z drugimi ljudmi. Takšna oseba sicer ni škodoželjna, a si kljub temu ne more pridobiti zaupanja pri ljudeh, saj ne deluje dovolj uglajena oz. izobražena. Nekateri dobri ljudje ne gojijo zamer in ne povzročajo škode drugim. Toda če aktivno ne pomagajo oziroma ne skrbijo za druge, bodo težko osvajali srca ljudi.

Cvetlice, ki jih ne krasijo čudovite barve ali vonjave, ne privabijo veliko čebel ali metuljev, četudi ponujajo veliko nektarja. In podobno velja, da četudi smo izredno dobri in sposobni nastaviti še drugo lice, če nas kdo udari, naša dobrota ne bo resnično zablestela, dokler ne bomo izžarevali iskrene velikodušnosti skozi naše besede in dejanja. Resnično dobroto lahko dosežemo in izkazujemo v pravi luči šele takrat, ko je naša notranja dobrota navzven oblečena z iskreno velikodušnostjo.

Jožef je dosegel to iskreno velikodušnost. Kot enajsti sin Jakoba, očeta vsega Izraela, je bil osovražen s strani bratov in že pri rani mladosti prodan v suženjstvo v Egipt. Toda z Božjo pomočjo je pri tridesetih letih postal najpomembnejši mož Egipta, ki je tisti čas veljal za mogočno deželo ob reki Nil. Egipt je veljal za eno od štirih 'zibelk civilizacije'. Tako voditelji kot preprosti ljudje so se ponašali z veliko ponosa, zato je bilo kot tujcu še toliko težje zasesti najpomembnejši položaj v državi. Če bi pri Jožefu odkrili že eno samo napako, bi moral nemudoma odstopiti.

Ampak Jožef je z odliko in zelo preudarno vladal Egiptu tudi pod temi težavnimi okoliščinami. Bil je prijazen in skromen, brez vsake napake pri njegovih besedah in dejanjih. Prav tako je kazal veliko modrosti in dostojanstva kot vladar. Njegova oblast je bila nižja samo od oblasti kralja, vendar pa ni poskušal nadvladovati ljudstva ali se kakorkoli bahati. Bil je strog do sebe, do drugih pa izredno radodaren in nežen. Ravno zato kralj in drugi voditelji niso gojili zadržkov ali bili previdni okrog njega, niti mu niso zavidali, pač pa so mu povsem zaupali. To dejstvo potrjuje tudi dogodek, ko so Egipčani toplo sprejeli Jožefovo družino, ko so se preselili v Egipt iz kanaanske dežele, da bi ubežali pred lakoto.

Jožefovo dobroto je spremljala iskrena velikodušnost

Če nekdo goji iskreno velikodušnost, to pomeni, da ima široko srce in ne obsoja drugih ljudi na podlagi lastnih standardov, čeprav je sam pošten pri svojih besedah in dejanjih. Ta Jožefova značajska lastnost se je lepo pokazala, ko so njegovi bratje, ki so ga nekoč prodali v suženjstvo v Egipt, prišli povsem sestradani v Egipt po hrano.

Bratje sprva niso prepoznali Jožefa, kar je povsem razumljivo, saj ga niso videli več kot dvajset let. Poleg tega si niso znali niti predstavljati, da bi lahko Jožef postal najpomembnejši mož Egipta. In kako se je počutil Jožef, ko je videl svoje brate, ki so mu stregli po življenju in ga prodali kot sužnja v Egipt? V njegovi moči je bilo, da bi jih kaznoval za ta njihov greh. Ampak Jožef ni iskal maščevanja. Prikril je svojo identiteto in skozi celo vrsto preizkušenj preveril, ali so njihova srca še vedno takšna kot v preteklosti.

Jožef jim je pravzaprav ponudil priložnost, da bi se sami pokesali svojih grehov pred Bogom, kajti načrtovanje umora in prodaja lastnega brata v suženjstvo nista veljali za majhno stvar. Jožef jim sicer ni brezpogojno odpustil niti jih kaznoval, pač pa jih je vodil v različne situacije, v katerih so se lahko pokesali za storjene grehe. Naposled, ko so bratje dojeli svojo krivdo in bili polni obžalovanja, šele takrat je Jožef razkril svojo identiteto.

V tistem trenutku je brate preplavil velik strah. Njihova življenja so pristala v rokah brata Jožefa, najpomembnejšega moža v Egiptu, ki je tisti čas veljal za najmočnejšo državo na svetu. Toda Jožefa ni zanimalo, zakaj so storili, kar so storili. Nikoli jim ni zagrozil, rekoč: "Plačali boste za svoje grehe." Poskušal jih je potolažiti in pomiriti. "Toda zdaj se nikar ne žalostite in si ne očitajte, da ste me prodali sem! Kajti Bog me je poslal pred vami, da vas ohrani pri življenju" (Geneza 45:5).

Jožef je sprejel dejstvo, da se vse odvija po Božjem načrtu. Bratom tako ni le odpustil v svojem srcu, ampak je tolažil njihova srca z ganljivimi besedami in jih sprejemal z razumevanjem. Jožef je pokazal dajanja, ki bi se dotaknila celo sovražnikov. Prav to predstavlja iskreno velikodušnost. Jožefova dobrota in iskrena velikodušnost sta bili vir moči za rešitev številnih življenj v Egiptu in njegovi okolici, in hkrati osnova za izpolnitev čudovitega Božjega načrta. Iskrena velikodušnost je torej zunanji izraz notranje dobrote in lahko kot takšna osvaja srca številnih ljudi in razodeva veliko moč.

Posvečenost je pogoj za iskreno velikodušnost

Tako kot lahko skozi posvečenost dosežemo notranjo dobroto, tako obenem vzgojimo tudi iskreno velikodušnost, ko izkoreninimo hudobijo in postanemo posvečeni. Seveda tudi v primeru, ko nekdo ni posvečen, lahko do neke mere izkazuje iskrenost in velikodušnost na podlagi izobrazbe oziroma ker je bil rojen z velikim srcem. Toda resnična velikodušnost prihaja samo iz srca, ki je povsem brez hudobije in sledi samo resnici. Če želimo v popolnosti vzgojiti iskreno velikodušnost, ni dovolj, da izvlečemo zgolj glavne korenine hudobije iz našega srca, pač pa moramo odpraviti vse sledi hudobije oz. zla (1 Tesaloničanom 5).

V Mateju 5:48 piše: "Bodite torej popolni, kakor je popoln vaš nebeški Oče." Ko smo izkoreninili vso hudobijo iz našega srca in hkrati postali brezmadežni v naših besedah, dejanjih in ravnanju, takrat lahko vzgojimo dobroto, v kateri bodo mnogi našli uteho. Iz tega razloga se ne smemo zadovoljiti, ko končno dosežemo stanje, ko smo odpravili hudobije, kot so prepirljivost, zavist, nadutost in vzkipljivost. Takrat moramo odpraviti še tista najmanjša hudodelstva telesa in pokazati dela resnice skozi Božjo besedo, goreče molitve in sprejemanje vodstva Svetega Duha.

Kaj so hudodelstva telesa? Pismo Rimljanom 8:13 pravi: "Če namreč živite po mesu, boste umrli, če pa z Duhom morite dela telesa, boste živeli."

'Telo' se tukaj ne nanaša na fizično telo, pač pa se v duhovnem smislu nanaša na človekovo telo, potem ko je iz njega iztekla vsa resnica. Dela telesa so potemtakem dela, ki izvirajo iz neresnice, ki je omadeževala človeštvo, ki je živelo po mesu. Dela telesa pa poleg očitnih grehov vključujejo tudi vse oblike nepopolnih dejanj.

Nekoč sem doživel zelo nenavadno izkušnjo. Ko sem se dotaknil kakšnega predmeta, sem začutil nekakšen električni šok in vsakič trznil. Kmalu sem razvil strah pred dotikanjem stvari. Vsakič, ko sem se česarkoli dotaknil, sem čutil močno potrebo po molitvi h Gospodu. Te potrebe izjemoma nisem čutil le, kadar sem se predmeta dotaknil izredno previdno. Pri odpiranju vrat sem nežno prijel za kljuko. Nadvse sem bil previden tudi ob rokovanju s cerkvenimi člani. Ta pojav me je spremljal več mesecev in v tem času je moje vedenje postalo izredno previdno in nežno. No, kasneje sem spoznal, da je za temi mojimi izkušnjami stal Bog, ki je želel izpopolniti moja dela telesa.

Morda se zdi trivialno, toda posameznikovo vedenje je izredno pomembno. Nekateri ljudje imajo navado, da se fizično dotikajo ljudi, ko se z njimi pogovarjajo ali zabavajo. Spet drugi radi, brez ozira na čas in okoliščine, povzdigujejo glas in ljudem povzročajo nelagodje. Takšna vedenja niso velika napaka, vendar pa gre še vedno za nepopolna hudodelstva telesa. Kdor goji iskreno velikodušnost, je pošten v vsakdanjem življenju in mnogi ljudje v njem najdejo uteho.

Spremeniti moramo značaj našega srca

Da bi posedovali iskreno velikodušnost, moramo prevzgojiti tudi značaj našega srca. Značajske lastnosti srca se tukaj nanašajo na velikost srca. V skladu z značajem posameznikovega srca nekateri ljudje postorijo več, kot se od njih pričakuje, medtem ko drugi opravijo samo tisto, kar jim je bilo naročeno, oziroma še nekoliko manj. Iskreno velikodušen človek ima veliko in široko srce, zato se ne zavzema le za svoje osebne interese, temveč poskrbi tudi za druge.

Pismo Filipljanom 2:4 pravi: "Naj nobeden ne gleda samo nase, temveč tudi na druge." Naš značaj srca se izoblikuje v skladu s tem, kako smo si razširili naše srce v različnih okoliščinah. Tako ga lahko tudi preoblikujemo skozi nenehna prizadevanja. Če nepotrpežljivo sledimo le lastnim osebnim interesom, moramo moliti za večjo odprtost, da bomo znali najprej pretehtali koristi in okoliščine drugih ljudi.

Preden je bil prodan v suženjstvo v Egipt, je bil Jožef vzgajan kakor rastline in cvetje v rastlinjaku. Pri tem pa ni mogel poskrbeti za vse zadeve v hiši, kot tudi ni mogel izmeriti srca in situacij njegovih bratov, ki niso bili ljubljeni od očeta. Toda skozi različne preizkušnje je Jožef vendarle vzgojil srce, s katerim je znal opazovati in nadzorovati vsak kotiček njegove okolice, in prav tako se je naučil, kako upoštevati srca drugih.

Bog je razširil Jožefovo srce v sklopu priprav na čas, ko naj bi Jožef postal najpomembnejši mož Egipta. Če nam uspe doseči ta značaj srca, skupaj z dobrim in nedolžnim srcem, bomo lahko tudi mi zasedli visok položaj v kakšni od velikih organizacij. Gre namreč za vrlino, ki jo voditelj nujno potrebuje.

Blagoslovi za dobre ljudi

Kakšne blagoslove bodo prejeli tisti, ki so dosegli popolno dobroto, potem ko so izkoreninili vso hudobijo iz srca in vzgojili zunanjo iskreno velikodušnost? Podedovali bodo deželo, kakor piše v Mateju 5:5: "Blagor krotkim, kajti deželo bodo podedovali" in v Psalmih 37:11: "Ponižni pa bodo dedovali deželo, oživljali se bodo ob velikem miru." Dežela tukaj simbolizira bivališče v kraljestvu nebes, dedovanje dežele pa predstavlja "uživanje velike moči v nebesih v prihodnosti."

Toda zakaj naj bi uživali veliko oblast v nebesih? Dobra oseba krepi druge duše s srcem našega Očeta Boga in spreobrača njihova srca. Bolj ko smo krotki, več duš bo našlo počitek v nas in več jih bomo popeljali do odrešenja. Če postanemo veliki ljudje, v katerih drugi najdejo počitek, to pomeni, da smo v veliki meri stregli drugim. In kdor streže, ta prejme nebeško oblast. Matej 23:11 pravi: "Največji med vami bodi vaš strežnik."

Krotka oseba bo potemtakem ob prihodu v nebesa uživala

veliko moč in podedovala obsežno deželo kot svoje bivališče. Celo na tej zemlji velja, da kdor ima veliko moči, bogastva, ugleda in oblasti, ta ima veliko privržencev. Vendar če izgubi svoje bogastvo, bo hkrati izgubil večji del oblasti in tudi privržencev. Duhovna oblast, ki spremlja dobro osebo, pa se seveda razlikuje od oblasti oz. vpliva na tej zemlji, saj nikoli ne izgine ali se spremeni. Na tej zemlji, kadar gre človekovi duši dobro, je človek uspešen v vsem. In tudi v nebesih bo tak človek močno ljubljen od Boga za vse veke in bo užival veliko spoštovanja s strani številnih duš.

3. Ljubezen ni nevoščljiva

Nekateri odlični študentje radi zberejo zapiske o vprašanjih, na katera so napačno odgovorili na izpitu. Zanima jih razlog, zakaj niso poznali pravilnega odgovora in dovolj dobro razumeli tematike. Ta metoda je zelo učinkovita za osvojitev znanja iz težavnega predmeta. In to isto metodo lahko uporabimo tudi pri vzgoji duhovne ljubezni. Če natančno preučujemo naša dejanja in besede ter odpravimo vse naše pomanjkljivosti eno za drugo, bomo v kratkem času dosegli duhovno ljubezen. No, pa si poglejmo naslednjo značilnost duhovne ljubezni —'Ljubezen ni nevoščljiva'.

Nevoščljivost nastane, ko občutek ljubosumne zagrenjenosti in žalosti močno poraste in se človek odzove s hudobnimi dejanji do druge osebe. Če nas spremlja občutek nevoščljivosti in smo zavidljivi, bomo gojili zamere do ljudi, ki jih drugi hvalijo ali favorizirajo. Če je neka oseba bolj razgledana, bogata in sposobna od nas, ali če je naš sodelavec izredno uspešen in si pridobi naklonjenost številnih ljudi, bomo kaj hitro postali zavistni. Morda bomo celo zasovražili takšnega posameznika, ga želeli ogoljufati in mu škodovati.

Istočasno lahko postanemo malodušni, misleč: "On je priljubljen, kaj pa jaz? Zguba sem!" Povedano drugače, splahnel bo naš pogum, ker se primerjamo z drugimi. Ko nas prevzame malodušje, bomo morda prepričani, da vzrok za naše počutje ni nevoščljivost. Toda, ljubezen se razveseljuje z resnico. Povedano drugače, če gojimo iskreno ljubezen, se razveseljujemo ob pogledu na uspešno osebo. Če postanemo malodušni in dvomimo vase, ali če se ne razveseljujemo z resnico, je to zaradi tega, ker je naš ego oziroma 'jaz' še naprej aktiven. In ker je naš 'jaz' aktiven, je naš ponos prizadet, kadar se počutimo manjvredni.

Ko se zavist okrepi in izbruhne s pokvarjenimi besedami in dejanji, takrat gre za nevoščljivost, kot jo opisuje poglavje o ljubezni v Svetem pismu. Če nevoščljivost preraste do kritične meje, lahko posameznik poškoduje ali celo umori drugo osebo. Nevoščljivost je zunanje razkritje hudobnega in nečistega srca, in posledično je nevoščljivim ljudem izredno težko doseči odrešenje (Galačanom 5:19-21). Nevoščljivost se namreč kaže kot očitno delo mesa, kar je greh, ki se jasno odraža navzven. Nevoščljivost lahko razdelimo na več oblik.

Nevoščljivost v romantični zvezi

Nevoščljivost oz. ljubosumje se prelevi v dejanje, ko oseba v zvezi pričakuje več ljubezni in uslug od svojega partnerja. Jakobovi ženi Lea in Rahela sta bili ljubosumni druga na drugo, saj sta si obe želeli več naklonjenosti od Jakoba. Lea in Rahela sta bili sestri, hčerki Labana, Jakobovega strica.

Jakob se je proti svojim željam poročil z Leo kot rezultat prevare s strani Labana. V resnici je ljubil Leino mlajšo sestro

Rahelo, katero je naposled tudi pridobil za ženo po 14. letih služenja svojemu stricu Labanu. Jakob je že od začetka bolj ljubil Rahelo kot Leo, a mu je ta rodila štiri otroke, medtem ko je bila Rahela neplodna. Tisti čas je bilo sramotno za ženske, da niso imele otrok, zato je Rahela močno zavidala svoji sestri Lei. Od ljubosumja je bila tako zaslepljena, da je začela težiti tudi svojemu možu Jakobu. "Daj mi otrók, sicer bom umrla!" (Geneza 30:1).

Tako Rahela kot Lea sta Jakobu priskrbeli tudi priležnice, da bi si izborile njegovo ljubezen samo zase. Če bi gojile vsaj kanček iskrene ljubezni v njunih srcih, bi se razveseljevali, ko bi bila druga deležna več naklonjenosti od njunega moža. Tako pa jih je ljubosumje vse – Leo, Rahelo in Jakoba – naredilo nesrečne. Še več, ljubosumje je negativno vplivalo tudi na njihove otroke.

Nevoščljivost, ko gre drugim bolje kot nam

Posameznikova nevoščljivost se razlikuje glede na vrednote, ki jih razvijemo v življenju. Običajno velja, da kadar je nekdo bogatejši, bolj razgledan in bolj sposoben od nas, ali kadar je nekdo bolj priljubljen in ljubljen, lahko hitro postanemo nevoščljivi. Pravzaprav nas zlahka prevzame nevoščljivost v šoli, službi in tudi doma, kadar nas spremlja občutek, da gre nekomu bolje kot nam. Ko naš vrstnik napreduje in je uspešnejši od nas, ga lahko hitro zasovražimo in začnemo obrekovati. Postanemo lahko tudi prepričani, da moramo na poti do uspeha in večje priljubljenosti teptati po ljudeh.

Nekateri denimo razobešajo napake in pomanjkljivosti sodelavcev na veliki zvon in jim povzročajo težave z nadrejenimi, ker želijo biti sami tisti, ki bi napredovali v podjetju. Tudi mladi študentje niso izjema. Nekateri študentje nadlegujejo uspešnejše študente oziroma ozmerjajo tiste, ki so priljubljeni pri učitelju. Doma se otroci obrekujejo in prerekajo z brati in sestrami, da bi si izborili več naklonjenosti od staršev. Spet drugi to počno, ker želijo podedovati več imetja od staršev.

Tako je bilo tudi v primeru Kajna, prvega morilca v človeški zgodovini. Ko je Bog sprejel le Abelovo daritev, se je Kajn počutil ničvrednega, nevoščljivost ga je čedalje bolj priganjala in nazadnje je ubil lastnega brata Abela. Kajn je večkrat poslušal o žrtvovanju krvi živali od svojih staršev, Adama in Eve, in tega se je gotovo dobro zavedal. "In po postavi se skoraj vse očiščuje s krvjo in brez krvi ni odpuščanja" (Hebrejcem 9:22).

Pa vendar je Kajn preprosto daroval Gospodu daritev od sadov zemlje, ki jo je obdeloval. Po drugi strani pa je Abel daroval prvence svoje drobnice v skladu z Božjo voljo. Morda bo kdo pomislil, da Abelu ni bilo težko žrtvovati jagnjeta, saj je bil vendar pastir, ampak to nikakor ne drži. Od staršev je spoznal Božjo voljo in jo tudi želel izpolniti iz srca. Iz tega razloga je Bog sprejel le Abelovo daritev. Kajn je postal ljubosumen na svojega brata in ni obžaloval svoje krivde. In ko je enkrat zagorel, plamena njegovega ljubosumja ni bilo več moč ugasniti, zato je naposled umoril brata

Abela. Koliko bolečine je moralo to prizadejati Adamu in Evi!

Nevoščljivost med brati v veri

Nekateri verniki so nevoščljivi drugim bratom in sestram v veri, ki so nad njimi v cerkvenem redu, položaju, veri ali zvestobi do Boga. Do tega pojava običajno pride med ljudmi podobne starosti, položaja in dolžine služenja Bogu, ali kadar se med seboj zelo dobro poznajo.

Kot pravi Matej 19:30: "Toda mnogi prvi bodo zadnji in zadnji prvi," lahko včasih tisti, ki zaostajajo za nami, ko gre za čas služenja, starost in položaj v cerkvi, napredujejo in nas prehitijo. Takrat bomo morda čutili veliko nevoščljivost do njih. Tovrstna nevoščljivost pa ne obstaja le med verniki iste cerkve, pač pa je prisotna tudi med pastorji in cerkvenimi člani, med cerkvami, in celo med različnimi krščanskimi organizacijami. Ko nekdo proslavi Boga, bi se morali vsi skupaj razveseljevati, vendar raje obrekujejo druge kot krivoverce in poskušajo očrniti imena drugih ljudi ali organizacij. Kako se počutijo starši, če se otroci prerekajo in sovražijo? Tudi če jim otroci prinašajo lepe reči, starši ne bodo srečni. In če se verniki, ki so Božji otroci, med seboj prerekajo, ali kadar vlada nevoščljivost med cerkvami, bo to ravno tako povzročilo veliko bolečino našemu Gospodu.

Savlova nevoščljivost do Davida

Savel je bil prvi kralj Izraela, ki je zapravil svoje življenje z zavidanjem Davidu. V Savlovih očeh je bil David kot nekakšen princ na belem konju, ki je rešil svojo državo. Ko je morala njegovih vojakov močno padla pod težo ustrahovanja s strani filistejskega velikana Goljata, je David zmagoslavno premagal Goljata z enim samim kamnom, ki ga je vanj zalučal s pračo. To eno samo dejanje je prineslo zmago Izraelu. Kasneje je David izpolnil celo vrsto hvalevrednih dolžnosti pri branjenju države pred napadi Filistejcev. In takrat se je vnelo med Savlom in Davidom. Savla so močno zmotile besede množice, ki je bučno pozdravljala Davida ob njegovi zmagoslavni vrnitvi z bojišča. In sicer je slišal naslednje: "Savel jih je pobil na tisoče, David pa na desettisoče!" (1 Samuel 18:7).

Savel se je razsrdil in pomislil: "Kako me lahko primerjajo z Davidom? Ta je navaden pastirček!"

Opazke nikakor ni mogel zbiti z glave in njegova jeza je samo naraščala. Opevanje Davida s strani množic se mu je zdelo skrajno neprimerno in od tega dne dalje je sumničavo gledal na Davida. Savel je najbrž mislil, da želi David s svojimi dejanji osvojiti srca ljudstva. Puščica Savlovega besa je tako merila proti Davidu. Pomislil je: 'Če si je David že pridobil srca ljudi, potem je upor neizogiben in je samo vprašanje časa!'

Postajal je čedalje bolj sumničav in kmalu začel naklepati umor Davida. Nekoč so Savla obsedli zli duhovi in David je zanj igral na harfo. Savel je izkoristil to priložnost in vanj zagnal sulico. Na srečo se je David sklonil in sulica je zgrešila cilj. Toda Savel ni prenehal načrtovati umora Davida. Z vojsko je neprenehoma preganjal Davida.

Kljub temu pa David ni želel škodovati Savlu, saj je bil ta od Boga maziljen za kralja, in kralj Savel se je tega dobro zavedal. Plamen Savlovega ljubosumja pa ni pojenjal. Kar naprej so ga preganjale vznemirljive misli, ki so izhajale iz njegova ljubosumja. Vse dokler ni padel v bitki s Filistejci, Savel ni našel niti trenutka miru zaradi tega velikega ljubosumja do Davida.

Skupina, ki je zavidala Mojzesu

16. poglavje Numerov opisuje zgodbo o Korahu, Datánu in Abirámu. Korah je bil levit, Datán in Abirám pa pripadnika Rubenovega rodu. Vsi trije so gojili zamere proti Mojzesu in njegovemu bratu Aronu. Zamerili so predvsem dejstvo, da je bil Mojzes princ Egipta in je vladal nad njimi, četudi je bil ubežnik in pastir v Midianu. Poleg tega so sami želeli postati vladarji. Tako so začeli novačiti ljudi, ki bi bili pripravljeni postati člani njihove skupine.

Korah, Datán in Abirám so zbrali 250 privržencev in bili prepričani, da lahko zavzamejo oblast. Odšli so pred Mojzesa in Arona in jima rekli: "Predaleč sta šla! Vsi člani skupnosti so sveti in GOSPOD je med njimi. Zakaj se povzdigujeta nad

GOSPODOVO občestvo?" (Numeri 16:3)

Čeprav so ostro nastopili pred Mojzesom, jim ta ni nasprotoval. Pokleknil je pred Boga in molil, da bi uvideli svojo napako, in prosil Boga za Njegovo presojo. Tedaj se je zgrnil Božji srd nad Koraha, Datána, Abiráma in druge upornike. Zemlja je odprla svoja usta in Korah, Datán in Abirám so bili skupaj s svojimi ženami in sinovi živi pogoltnjeni v podzemlje. Od GOSPODA je prišel tudi ogenj in použil dvesto petdeset mož, ki so darovali kadilo.

Mojzes nikomur ni storil nič žalega (Numeri 16:15). Preprosto se je po svojih najboljših močeh trudil voditi ljudstvo. Skozi znamenja in čudeže je znova in znova dokazoval, da Bog stoji ob njihovi strani. Pokazal jim je deset nadlog nad Egiptom; jim omogočil prečkati Rdeče morje po suhem, potem ko ga je razdelil na dvoje; jim dal piti vode iz skale in jim postregel mano in prepelice v puščavi. Toda možje so se po vsem tem še vedno uprli Mojzesu, češ da se je povzdignil nad njih.

Tudi Bog je ljudem razkril, kako velik greh je zavidanje Mojzesu. Sojenje in obsojanje moža, katerega je postavil Bog, je enako sojenju in obsojanju Boga samega. Zato ne smemo malomarno kritizirati cerkva ali organizacij, ki delujejo v imenu Gospoda, češ da so krivične ali krivoverne. Prav vsi smo namreč bratje in sestre v Bogu, zato nevoščljivost med nami predstavlja velik greh v očeh Boga.

Nevoščljivost zaradi praznih stvari

Ali lahko skozi nevoščljivost oz. ljubosumje uresničimo naše želje? Nikakor! Morda bomo druge spravili v težaven položaj in se bo zdelo, da postajamo uspešnejši in nam gre bolje kot njim, a v resnici je na tak način nemogoče doseči vse tisto, kar si želimo. Jakob 4:2 pravi: "Želite, a nimate. Ubijate in zavidate, in vendar ne morete doseči. Prepirate se in bojujete, pa nimate, ker ne prosite."

Namesto nevoščljivosti raje pomislimo na besede iz Joba 4:8: "Kakor sem videl: kateri snujejo zlo in sejejo trpljenje, ga tudi žanjejo." Zagrešeno zlo se vrača kakor bumerang.

Kot povračilo za zlo, ki ga sejete, vam bodo pretile nesreče v vaši družini ali na delovnem mestu. Kot pravijo Pregovori 14:30: "Zdravo srce je telesu življenje,
 ljubosumje pa je trohnoba v kosteh." Ljubosumje povzroča le lastno škodo, zatorej je povsem nesmiselno. Potemtakem, če želite biti uspešnejši od drugih, morate prositi Boga, ki vrši oblast nad vsem, namesto da trošite energijo za ljubosumne misli in dejanja.

Jasno je, da ne moremo doseči vsega, kar si želimo. V Jakobu 4:3 piše: "Prósite, pa ne prejemate, ker slabo prósite – namreč zato, da bi to porabili za svoje naslade." Kadar prosite za nekaj v svojem poželenju, tega ne boste prejeli, ker je to v nasprotju z Božjo voljo. In v večini primerov ljudje dejansko sledijo lastnemu poželenju. Prosijo za bogastvo, slavo in oblast, da bi stregli svojemu udobju in ponosu. To me vedno močno žalosti, kajti pravi in resničen blagoslov niso bogastvo, slava ali oblast, pač pa uspevanje posameznikove duše.

Lahko si lastite in uživate še toliko lepih reči, pa vam to ne bo nič koristilo, če ne dosežete odrešenja. Vedno je namreč treba pomniti, da bodo vse stvari na zemlji izginile kakor megla. 1 Janez 2:17 pravi: "Svet in njegovo poželenje mineta; kdor pa izpolnjuje Božjo voljo, ostane vekomaj," in Pridigar 12:8 pravi: "'Nečimrnost čez nečimrnost, pravi Pridigar, 'vse je nečimrnost!'"

Zato upam, da ne boste nevoščljivi do vaših bratov in sester ter se oklepali praznih posvetnih stvari, temveč boste ohranjali srce, ki je pravo v očeh Boga. Takrat bo Bog uslišal poželenja vašega srca in vas nagradil z večnim kraljestvom nebes.

Nevoščljivost in duhovno poželenje

Ljudje verujejo v Boga, a vseeno razvijejo nevoščljivost, saj imajo premalo vere in ljubezni. Če vam primanjkuje ljubezni do Boga in imate malo vere v nebeško kraljestvo, boste hitro postali nevoščljivi, da bi pridobili bogastvo, slavo in oblast na tem svetu. A če ste si izborili pravice Božjih otrok in državljanstvo nebeškega kraljestva, potem dobro veste, da so bratje in sestre v Kristusu veliko bolj dragoceni od vaše družine na tem svetu. Oni so namreč tisti, s katerimi boste živeli večno v nebesih.

Dragoceni pa so tudi neverniki, ki niso sprejeli Jezusa Kristusa, zato jih moramo voditi proti nebeškemu kraljestvu.

Skozi to vero, ko bo v nas rasla iskrena ljubezen, bomo vzljubili naše sosede in sami sebe. Takrat, ko bo drugim šlo dobro, bomo srečni kakor bi nam šlo dobro. Kdor goji iskreno vero, ne bo iskal praznih posvetnih stvari, temveč se bo trudil marljivo garati za Gospoda, da bi si s silo utrl pot v nebeško kraljestvo. Tak človek bo gojil duhovna poželenja

> *Od dni Janeza Krstnika do zdaj si nebeško kraljestvo s silo utira pot in močni ga osvajajo (Matej 11:12).*

Duhovno poželenje se močno razlikuje od nevoščljivosti. Pravzaprav je pomembno gojiti poželenje za zagnano in zvesto služenje Gospodu. Vendar če ta strast prestopi mejo in se začne oddaljevati od resnice, ali če smo zaradi tega drugim v spotiko, to ni več sprejemljivo. Medtem ko goreče služimo Gospodu, moramo ostajati osredotočeni na potrebe ljudi okrog nas, si prizadevati za njihovo korist ter iskati mir z vsemi ljudmi.

4. Ljubezen se ne ponaša

Nekateri ljudje se nenehno bahajo in jim ni mar, kako se zaradi tega počutijo ljudje okrog njih. Preprosto se želijo postavljati s svojimi dosežki, da bi si prislužili priznanje od drugih. Jožef se je kot majhen deček hvalil glede svojih sanj, zaradi česar so ga bratje zasovražili. A ker je bil deležen velike očetove ljubezni, nikakor ni razumel počutja svojih bratov. Kasneje je bil prodan za sužnja v Egipt, kjer je prestal številne preizkušnje, dokler ni naposled obrodil duhovne ljubezni. Preden ljudje osvojijo duhovno ljubezen, se pogosto zapletajo v konflikte, se bahajo in poveličujejo. Prav zato Bog pravi "ljubezen se ne ponaša". Preprosto rečeno, ponašanje pomeni razkazovanje samega sebe. Ponavadi ljudje želijo prejeti priznanje, kadar si lastijo ali dosežejo kaj boljšega od drugih. Kakšne posledice pušča takšno bahanje?

Nekateri starši so na primer domišljavi in se bahajo s svojimi otroki, ko so ti uspešni v šoli. Navzven se bodo ljudje morda veselili skupaj z njimi, a večino bodo tovrstne besede prizadele in bodo gojili zamere. Morda bodo doma okarali svojega otroka povsem brez razloga. Zatorej, naj bo vaš otrok še tako uspešen v šoli, če premorete vsaj kanček dobrote in upoštevate počutje drugih ljudi, se ne boste tako postavljali z vašimi otroki. Pravzaprav boste želeli, da bi tudi sosedovemu otroku šlo dobro v šoli, in če bo temu res tako, ga boste veselo pohvalili.

Bahavi ljudje prav tako zelo neradi priznavajo in pohvalijo druge, kadar ti naredijo kaj dobrega. Tako ali drugače poskušajo ponižati druge ljudi, saj so prepričani, da bodo sami toliko manj cenjeni, koliko bolj so cenjeni drugi. To je samo eden od načinov, kako bahanje povzroča težave. Takšno ravnanje z bahavim srcem je daleč od iskrene ljubezni. Morda menite, da boste cenjeni, če se hvalite, a v resnici si boste na tak način izredno težko pridobili iskreno spoštovanje in ljubezen. Namesto da bi vam ljudje zavidali, vas bodo sovražili in z nevoščljivostjo gledali na vas. "Zdaj pa se bahate v svoji prevzetnosti; vsako takšno bahanje je zlo" (Jakob 4:16).

Napuh življenja je sadež ljubezni do sveta

Zakaj se ljudje tako radi bahajo? Razlog je ta, ker v njih gori napuh življenja. Napuh življenja se nanaša na "postavljanje samega sebe v skladu s poželenji tega sveta." To izvira iz ljubezni do sveta. Ljudje se običajno bahajo s stvarmi, katere smatrajo za pomembne. Kdor ljubi denar, se baha z nakopičenim denarjem, in komu je pomemben zunanji videz, se rad baha prav s tem. Ti ljudje postavljajo denar, zunanji videz, slavo ali družbeni vpliv pred Boga.

Eden od članov naše cerkve je vodil uspešno podjetje, ki se je ukvarjalo s prodajo računalnikov poslovnim konglomeratom v Koreji. Želel je razširiti svoj posel, zato je vzel različna posojila in investiral v franšizo internetnih kavarn in internetno oddajanje.

Ustanovil je podjetje z začetnim kapitalom v višini dve milijardi wonov, kar znaša približno dva milijona evrov. Vendar prometa ni bilo in izgube so se kopičile, zato se je podjetje kmalu znašlo v stečaju. Njegova hiša je bila predana na dražbo in preganjala ga je cela vrsta posojevalcev. Tako je bil prisiljen živeti v kletnih ali strešnih prostorih majhnih hiš. Takrat se je bolje ozrl vase in dojel, da ga je ves čas gnala velika želja po bahanju in pohlep po denarju. Spoznal je, da je zagrenil življenje ljudem okrog sebe, ker je razširil posel preko svojih zmožnosti.

Ko se je temeljito pokesal pred Bogom z vsem srcem in izkoreninil pohlep, je našel srečo v življenju, čeprav je opravljal delo, ki je vključevalo čiščenje kanalizacijskih odtokov in greznic. Bog je ponovno pretehtal njegovo situacijo in mu pokazal pot, kako ustanoviti novo podjetje. Danes ves čas hodi po pravi poti in vodi izredno uspešno podjetje.

1 Janez 2:15-16 pravi: "Ne ljubite sveta in tudi ne tistega, kar je v svetu! Če kdo ljubi svet, v njem ni Očetove ljubezni, kajti vse, kar je v svetu – poželenje mesa, poželenje oči in napuh življenja – ni od Očeta, ampak od sveta."

Ezekíja, trinajsti kralj južnega Judovega kraljestva, je bil pošten v očeh Boga in je poleg tega očistil tempelj. Skozi molitev je prestal vdor Asirije in ko je zbolel, je molil s solzami in prejel 15 dodatnih let življenja. Toda v njem je kljub temu še naprej gorel napuh življenja in ko je okreval, je Babilon poslal svoje odposlance.

Ezekíja se je odposlancev razveselil in jim razkazal vso

zakladnico, srebro in zlato, dišave in dragocena olja, hišno orožarno in vse, kar se je našlo v njegovih zakladnicah. Zaradi tega bahanja je Babilon kasneje napadel južno Judejo in zaplenil vso bogastvo (Izaija 39:1-6). Bahanje izvira iz ljubezni do sveta in pomeni, da oseba ne ljubi Boga. Zatorej, da bi vzgojili iskreno ljubezen, moramo najprej odpraviti napuh življenja iz našega srca.

Bahanje v Gospodu

Obstaja pa tudi oblika bahanja, ki je dobra oz. zaželena, in sicer je to bahanje v Gospodu, kot piše v 2. pismu Korinčanom 10:17: "Kdor se ponaša, naj se ponaša v Gospodu." Ponašanje oz. bahanje v Gospodu pomeni izkazovanje slave Gospodu, zatorej je več bolje. Lep primer takšnega bahanja je 'pričevanje'.

V pismu Galačanom 6:14 Pavel pravi: "Meni pa Bog ne daj, da bi se hvalil, razen s križem našega Gospoda Jezusa Kristusa, po katerem je bil svet križan zame, jaz pa svetu."

Kot pravi, se hvalimo z Jezusom Kristusom, kateri nas je rešil in nam dal nebeško kraljestvo. Zaradi grehov smo obsojeni na večno smrt, a smo v zahvalo Jezusu, ki je plačal za naše grehe na križu, pridobili večno življenje. Kako hvaležni moramo biti!

Iz tega razloga se je apostol Pavel bahal na račun svojih šibkosti. V 2. pismu Korinčanom 12:9 piše: "A [Gospod] mi je rekel: 'Dovolj ti je Moja milost. Moč se dopolnjuje v slabotnosti.' Zato se bom zelo rad ponašal s svojimi slabotnostmi, da bi se v meni utaborila Kristusova moč."

In dejansko je Pavel delal veliko znamenj in čudežev in ljudje so zdravili bolne z robci in rutami, katerih se je Pavel dotaknil. Na treh misijonarskih potovanjih je Pavel popeljal ogromno ljudi h Gospodu in postavil številne cerkve v različnih mestih. Kljub temu pa pravi, da ni bil on sam zaslužen za ta dela. Sam se je zgolj bahal, da sta bili Božja milost in Božja moč tisti, ki sta mu vse to omogočili.

Danes mnogi pričujejo o tem, kako so srečali in doživeli živega Boga v vsakdanjem življenju. Tako razglašajo ljubezen Boga skozi besede, da so bili ozdravljeni bolezni, prejeli finančne blagoslove in mir v družini, ko so iskreno iskali Boga in Mu skozi dela izkazovali ljubezen.

Kot pravijo Pregovori 8:17: "Ljubim té, ki me ljubijo, kateri me iščejo, me najdejo." Ti ljudje so hvaležni, da so lahko izkusili veliko Božjo ljubezen in pridobili veliko vero, kar hkrati pomeni, da so prejeli duhovne blagoslove. Takšno bahanje v Gospodu močno poveličuje Boga in seje vero in življenje v človeška srca. Na tak način ljudje zbirajo zaklade oz. nagrade v nebesih in njihova poželenja srca so hitreje uslišana.

Pri tem pa moramo biti previdni na eno stvar. Nekateri namreč trdijo, da poveličujejo Boga, a si v resnici prizadevajo razglašati lastna dejanja in se poveličevati pred drugimi. Neposredno radi namigujejo, da so prejeli blagoslove po lastnem trudu. Sicer se zdi, da poveličujejo Boga, a v resnici pripisujejo vse zasluge sebi. Takšne ljudi Satan neizbežno obtoži greha. Nenazadnje se rezultat njihovega bahanja prej ko slej razkrije in takrat se nanje zgrnejo različne skušnjave in preizkušnje, ali pa se preprosto ločijo od Boga, v kolikor jih nihče ne ceni.

Pismo Rimljanom 15:2 pravi: "Vsak izmed nas naj skuša ugoditi bližnjemu, in sicer v njegovo dobro in njegovo izgraditev." Kot rečeno, si moramo vselej prizadevati v izgraditev naših sosedov in zasaditi vero in življenje vanje. Tako kot se voda očisti pri pretoku skozi filter, tako morajo naše besede skozi filter, preden jih izgovorimo, saj se lahko le tako prepričamo, ali bomo izgradili ali prizadeli čustva naših poslušalcev.

Kako izkoreniniti napuh življenja

Četudi si ljudje lastijo veliko stvari, s katerimi se lahko bahajo, pa nihče ne živi večno. Po življenju na tej zemlji bo vsak poslan ali v nebesa ali pekel. V nebesih so še same ceste izdelane iz zlata, in tamkajšnjega bogastva ni moč primerjati z bogastvom na tem svetu. Prav zato je bahanje na tem svetu še toliko bolj nesmiselno. Poleg tega, če si nekdo pridobi še toliko bogastva, slave, znanja in vpliva, ali se bo lahko bahal, če je poslan v pekel?

Jezus je rekel: "Kajti kaj koristi človeku, če si ves svet pridobi, svoje življenje pa zapravi? Ali kaj bo dal človek v zameno za svoje življenje? Sin človekov bo namreč prišel v veličastvu Svojega Očeta s Svojimi angeli in takrat bo vsakemu povrnil po njegovem delu" (Matej 16:26-27).

Bahanje na svetu nikoli ne prinaša večnega življenja ali zadoščenja, temveč rodi le prazna poželenja in nas vodi do uničenja. Ko enkrat dojamemo to dejstvo in si napolnimo srce s hrepenenjem po nebesih, takrat bomo prejeli moč za izkoreninjenje napuha življenja. Podobno kot otrok zlahka zavrže staro ničvredno igračko, ko prejme povsem novo igračko. Zavedali se bomo veličastne lepote nebeškega kraljestva, zato se ne bomo oklepali niti hrepeneli po stvareh tega sveta.

Ko enkrat odpravimo napuh življenja, se bomo bahali samo še z Jezusom Kristusom. Z ničemer na tem svetu se nam ne bo zdelo vredno bahati, saj bomo čutili samo ponos na veličastvo, ki ga bomo uživali večno v nebeškem kraljestvu. Napolnjeni bomo z radostjo, kakršne prej še poznali nismo. In četudi doživimo določene težke trenutke na poti skozi naše življenje, jih bomo relativno zlahka premagovali. Preprosto bomo hvaležni za ljubezen Boga, ki je dal Svojega edinega Sina Jezusa za naše odrešenje, in tako bomo polni veselja ne glede na okoliščine. Če ne iščemo napuha življenja, nas pohvale ne bodo povzdigovale, kot tudi ne bomo razočarani ob prejemanju graj. Ob pohvalah se bomo ponižno ozrli vase, ob grajah pa izkazovali hvaležnost in si prizadevali po spreobrnjenju.

5. Ljubezen se ne napihuje

Kdor se rad baha, se zlahka počuti več vrednega od drugih ljudi in postane prevzeten. Če gredo stvari v pravo smer, zasluge pripisuje sebi in postane domišljav ali len. Sveto pismo pravi, da je prevzetnost ena od hudobij, ki jih Bog najbolj sovraži. Prevzetnost je tudi glavni razlog za izgradnjo babilonskega stolpa, saj so ljudje želeli tekmovati z Bogom, zaradi česar je Bog ljudem zmešal jezike.

Značaj prevzetnežev

Prevzetna oseba obravnava druge ljudi kot manj vredne in jih zaničuje ali prezira. Takšen posameznik se počuti superiornega v vseh pogledih in se ima za najboljšega. Prezira, zaničuje in nenehno poskuša učiti druge ljudi o vseh zadevah. Zelo hitro pokaže svojo prevzetnost do tistih, ki se mu zdijo manj vredni. Včasih, v svoji čezmerni prevzetnosti, prezira celo tiste, ki so ga učili in usmerjali v življenju, in tiste, ki zasedajo višji položaj v podjetju ali družbeni hierarhiji. Tak človek ni pripravljen poslušati nasvetov, graj in navodil nadrejenih, zato se pogosto pritožuje, misleč: "Moj nadrejeni tako trdi samo zato, ker sam ne razume," ali odgovarja: "Vse vem in vse bom opravil do potankosti."

Takšna oseba se pogosto zapleta v spore in prepire z drugimi. Pregovori 13:10 pravijo: "Puhloglavec z ošabnostjo povzroča prepir, pri teh, ki sprejemajo nasvet, pa je modrost."

2. pismo Timoteju 2:23 nas uči: "Ogiblji se nespametnih in nesmiselnih razprav, ker veš, da rodijo prepire." Zato je nespametno in napačno misliti, da imate samo vi prav.

Vsak človek ima svojo vest in svoje znanje. Vsi smo videli, slišali, doživeli in bili naučeni različnih stvari. Ampak veliko našega znanja je napačnega in določena spoznanja so bila nepravilno shranjena. In če se je to znanje dolgo časa utrjevalo v nas, bo to rodilo samopravičnost in okvire razmišljanja. Samopravičnost pomeni vztrajati pri tem, da so pravilna samo naša mnenja, in ko se to utrdi v nas, postane okvir razmišljanja. Nekateri ljudje oblikujejo svoje okvire razmišljanja na temeljih svoje osebnosti oziroma osvojenega znanja.

Okvir je kakor okostje človeškega telesa. Okostje oblikuje našo podobo, in ko je enkrat izoblikovano, ga je težko zlomiti. Večina človeških misli izhaja iz samopravičnosti in teh okvirov razmišljanja. Človek, ki se počuti manjvrednega, se odzove zelo tankočutno, ko nekdo s prstom pokaže nanj in ga obtoži. Oziroma, kot pravi pregovor, če si bogataš poravna oblačilo, ljudje pomislijo, da se baha in razkazuje svoja oblačila. Če se nekdo poslužuje sofisticiranega besednjaka, ljudje pomislijo, da se baha s svojim znanjem in gleda zviška nanje.

Od učiteljice v osnovni šoli sem izvedel, da Kip svobode stoji v San Franciscu. Živo se spominjam, kako mi je učiteljica pokazala fotografijo in zemljevid Združenih držav Amerike. V zgodnjih

90-ih letih sem obiskal ZDA in tam vodil obnovitveno srečanje. Takrat sme spoznal, da se Kip svobode dejansko nahaja v New Yorku.

Po mojem prepričanju bi Kip moral stati v San Franciscu in ni mi bilo jasno, kako je lahko v New Yorku. Povprašal sem ljudi okrog mene in vsi po vrsti so zatrjevali, da se Kip dejansko nahaja v New Yorku. Tako sem spoznal, da je informacija, ki sem jo tako dolgo smatral za resnično, dejansko napačna. Dojel sem, da so lahko tudi moja prepričanja napačna. Mnogi tako verjamejo in vztrajajo pri stvareh, ki so napačne.

In celo kadar so v zmoti, prevzetni ljudje tega ne priznajo, ampak trmasto vztrajajo pri svojih mnenjih, in to pogosto privede do prerekanj. Po drugi strani pa se krotki oz. ponižni ljudje ne prerekajo niti kadar se druga oseba moti. Četudi so 100 % prepričani v svoj prav, še vedno dopuščajo možnost, da se motijo, saj nimajo nobenega namena dobiti argument z drugimi.

Ponižno srce vsebuje duhovno ljubezen, ki skrbno upošteva blagostanje drugih ljudi. Tudi če so ti prikrajšani, slabše izobraženi, ali zasedajo nižji položaj v družbi, bomo s ponižnim srcem upoštevali njihove okoliščine. Vse duše bomo smatrali za izredno dragocene, saj je vendar Jezus prelil Svojo kri zanje.

Mesena prevzetnost in duhovna prevzetnost

Če nekdo navzven izkazuje dejanja neresnice, kot so bahanje, razkazovanje samega sebe in zaničevanje drugih ljudi, lahko zlahka dojame to svojo prevzetnost. Ko sprejmemo Gospoda in spoznamo resnico, se lahko zlahka znebimo teh značilnosti mesene prevzetnosti. Prav nasprotno pa velja za duhovno prevzetnost, ki pa je ni lahko dojeti in izkoreniniti. Kaj je torej duhovna prevzetnost?

Ko dovolj dolgo obiskujete cerkev, zberete veliko spoznanj o Božji besedi. Morda ste skozi čas pridobili tudi kak naziv ali položaj v cerkvi, ali bili izvoljeni za cerkvenega voditelja. Takrat boste morda čutili, da ste osvojili dovolj veliko količino znanja o Božji besedi in boste pomislili: "Ogromno sem dosegel. Zagotovo imam prav glede veliko stvari!" Morda bosta grajali, sodili in obsojali druge z Božjo besedo, misleč, da zgolj ločujete med dobrim in slabim v skladu z resnico. Nekateri cerkveni voditelji sledijo svojim lastnim interesom in kršijo pravila in naloge, ki bi jih morali izpolnjevali. Tako nedvomno ogrožajo delovanje cerkve s svojimi dejanji, vendar pri sebi odgovarjajo: "Jaz lahko to počnem, saj zasedam ta položaj. Izjema sem." Takšno povzdignjeno razmišljanje je duhovna prevzetnost.

Če izpovedujemo ljubezen, medtem pa s povzdignjenim srcem ignoriramo postavo in red Boga, potem naša izpoved ni resnična. Če sodimo in obsojamo druge, ne moremo imeti iskrene ljubezni. Resnica nas uči poslušati, videti in govoriti samo o dobrih stvareh drugih ljudi.

Bratje, ne govorite drug proti drugemu! Kdor govori proti bratu ali svojega brata obsoja, obrekuje postavo in obsoja postavo. Če pa obsojaš postavo, nisi uresničevalec postave, ampak sodnik (Jakob 4:11).

Kako se počutite, ko odkrijete slabosti drugih ljudi?

Jack Kornfield v svoji knjigi Umetnost odpuščanja, ljubeče dobrote in miru opisuje, kako obravnavati nevešča dejanja na drugačen način.

"Ko kateri od članov afriškega plemena Babemba ravna neodgovorno ali krivično, ga samega in neprivezanega postavijo v središče vasi. Ustavijo se vsa opravila in v velikem krogu se okrog obtoženega zberejo vsi moški, ženske in otroci. Nato vsak posebej nagovori obtoženca. Eden za drugim na glas opisujejo dobre stvari, ki jih je ta oseba v središču kroga naredila v življenju. Podrobno in točno se spomnijo slehernega dogodka, sleherne izkušnje z obtožencem. Vse njegove dobre lastnosti, prijaznost, vrline in dobra dela so previdno in podrobno opisana. Takšen plemenski obred pogosto traja več dni in po koncu, ko se plemenski krog prekine, sledi veselo praznovanje in obtoženo osebo simbolično in resnično sprejmejo nazaj v pleme."Qua quá trình này, những người đã làm sai khôi phục lại lòng tự trọng của họ và làm cho tâm trí của mình muốn góp phần

cho bộ lạc của mình. Nhờ việc xét xử độc đáo như vậy, mà tội phạm hầu như không xảy ra trong xã hội của họ.

Skozi ta proces si obtoženci povrnejo samozavest in odločnost prispevati k svojemu plemenu. Zahvaljujoč temu edinstvenemu načinu sodne obravnave so zločini prava redkost v njihovi družbi.

Ko opazimo slabosti drugih ljudi, jih lahko najprej obsodimo, ali pa prevlada naše milostno in prizanesljivo srce. Na podlagi tega lahko pri sebi preverimo, do kolikšne mere smo vzgojili ponižnost in ljubezen. Ko se tako nenehno preverjamo, se ne smemo nikoli zadovoljiti z doseženim, ker smo pač že dlje časa verniki.

Preden človek postane popolnoma posvečen, vsak v sebi nosi značaj, ki omogoča porast prevzetnosti. Zato je izredno pomembno, da skozi goreče molitve izvlečemo korenine te prevzetnosti, sicer lahko ta izbruhne na površje vsak trenutek. Pravzaprav je podobno odstranjevanju plevela, ki bo vedno znova zrasel nazaj, dokler ga v celoti ne izkoreninimo. Kadar grešna narava ni v celoti odstranjena iz srca, se bo vanj ponovno zasadila prevzetnost, ko bo človek korakal v svojem vernem življenju. Zatorej se moramo vselej poniževati kot otroci pred Gospodom, biti uvidevni do drugih in si prizadevati po vzgojitvi duhovne ljubezni.

Prevzetneži verjamejo vase

Nebukadnezar je odprl zlato dobo velikega Babilona. Tisti čas so zaživeli tudi viseči vrtovi, ena od čudes antičnega sveta. Nebukadnezar je bil ponosen, da so vsi projekti in vso njegovo kraljestvo potekalo pod njegovo veliko oblastjo. Zato je dal postaviti spomenik v svojo slavo, ki so ga morali ljudje častiti. Daniel 4:30 pravi: "Kralj je spregovoril in rekel: 'Ali ni to veliki Babilon, ki sem ga v moči svojega bogastva in v slavo svojega veličastva jaz sezidal za kraljevo hišo?'"

Naposled mu je Bog dal vedeti, kdo je v resnici pravi vladar sveta (Daniel 4:31-32). Izgnan je bil iz palače, jedel je travo kakor govedo, rosa neba je močila njegovo telo, dokler niso postali njegovi lasje kakor orlovo perje in njegovi nohti kakor ptičji kremplji. Kakšen je bil potemtakem pomen njegove vladavine? V kolikor Bog tega ne dovoljuje, sami ne moremo pridobiti ničesar. Nebukadnezar si je po sedmih letih končno povrnil razum. Spoznal je svojo prevzetnost in priznal Boga. Daniel 4:37 pravi: "Zdaj jaz, Nebukadnezar, hvalim, slavim in poveličujem kralja nebes, kajti vsa Njegova dela so resnična,

Njegova pota pravična."

In ne gre le za Nebukadnezarja. Nekateri neverniki pravijo: "Verjamem vase." Toda sveta ni lahko obvladovati. Na svetu je veliko problemov, ki jih ni moč rešiti s človeškimi sposobnostmi. Tudi vsa vrhunska tehnologija in najsodobnejša znanstvena spoznanja so povsem nemočna proti naravnam katastrofam, kot so tajfuni in potresi in druge nenadne nesreče.

In koliko različnih bolezni ne more ozdraviti niti sodobna medicina? Kljub temu pa se v luči težav veliko ljudi zanaša nase, raje kot na Boga. Zanašajo se na svoja prepričanja, izkušnje in znanje. In ko ne uspejo premagati težav, se pritožujejo proti Bogu navkljub njihovi neveri. Vzrok za to je prevzetnost v njihovem srcu, zaradi katere ne priznavajo lastne šibkosti in ne znajo ponižno sprejeti Boga.

Še bolj pomilovanja vredno pa je to, da se tudi nekateri verniki raje kot na Boga zanašajo nase in na svet. Bog si za Svoje otroke želi, da bi bili uspešni in živeli z Njegovo pomočjo. Toda če se niste pripravljeni ponižati pred Bogom zaradi vaše prevzetnosti, vam Bog ne more pomagati. Tako ne boste zavarovani pred sovražnikom hudičem in ne boste uspešni na vaši poti. Kot pravi Bog v Pregovorih 18:12: "Človekovo srce se povzdiguje pred padcem, ponižnost stopa pred častjo." Prevzetnost je torej tista, ki vodi proti padcem in neuspehom.

Prevzetneže Bog smatra za slaboumne ljudi. Kako majhen je človek v primerjavi z Bogom, čigar nebo je Njegov prestol in zemlja podnožje Njegovih nog? Vsi smo bili ustvarjeni v Božji podobi in vsi smo enaki kot Božji otroci, ne glede na naš družbeni položaj. Naj si lastimo še toliko stvari za bahanje na tem svetu, življenje na tem svetu traja zgolj trenutek. In ko pride to kratko življenje h koncu, bo vsakomur sojeno pred Bogom. Takrat bomo povzdignjeni v nebesa v skladu z našimi deli, ki smo jih storili v ponižnosti na tej zemlji. Gospod nas bo povzdignil, kot piše v Jakobu 4:10: "Ponižajte se pred Gospodom in povišal vas bo."

Če voda dlje časa ostaja v majhni mlaki, bo postana in polna mikrobov. Če pa voda teče po hribu navzdol brez postanka, bo naposled dosegla morje in omogočila življenje številnim živim bitjem. Na enak način se moramo tudi mi ponižati, da bi postali veliki v očeh Boga.

Značilnosti duhovne ljubezni I	1. Duhovna ljubezen je potrpežljiva
	2. Duhovna ljubezen je dobrotljiva
	3. Duhovna ljubezen ni nevoščljiva
	4. Duhovna ljubezen se ne ponaša
	5. Duhovna ljubezen se ne napihuje

6. Ljubezen ni brezobzirna

'Manire' ali 'etiketa' predstavljata družbeno sprejemljiv način ravnanja, in sicer glede odnosov in vedenja ljudi do drugih. Toda kulturna etiketa ima različne obraze v našem vsakdanjem življenju, kot je denimo etiketa za primer pogovorov, pri obedovanju, ali vedenju na javnih mestih, kot so denimo gledališča. Primerne manire so pomemben del našega življenja. Družbeno sprejemljivo vedenje, ki je primerno za določeni kraj in priložnost, običajno naredi dober vtis na druge ljudi. Prav nasprotno pa, če ne izkazujemo primernega vedenja in ne upoštevamo osnovne etikete, bo ljudem okrog nas hitro postalo neprijetno. Poleg tega, če nekomu izlijemo ljubezen, a se do njega vedemo nespodobno, bo tak človek težko verjel, da ga dejansko ljubimo.

Merriam-Websterjev spletni slovar definira besedo 'nespodobno' kot nekaj, 'kar ni v skladu s standardi, ki so primerni posameznikovemu položaju oz. okoliščinam v življenju.' In tudi tukaj imamo več različnih kulturnih etiket v našem vsakdanjem življenju, kot denimo velja za pozdrave in pogovore. Na naše presenečenje se veliko ljudi ne zaveda, da so ravnali nespodobno oz. nesramno. Na nespodoben način je še posebej lahko obravnavati naše najbližje. Kadar smo tesno povezani z ljudmi, namreč radi pozabimo na primerne manire in postanemo nesramni.

Toda če gojimo iskreno ljubezen, ne bomo nikoli nespodobni.

Predstavljajte si, da si lastite izredno dragocen in prekrasen dragulj. Najbrž boste z njim ravnali zelo previdno, kaj? Prav gotovo boste pazljivi, da ga ne bi zlomili, poškodovali ali izgubili. In enako, kadar nekoga resnično ljubite, kako skrbno boste ravnali s to vam drago osebo? Nespodobno vedenje delimo na dve obliki: neolikanost do Boga in neolikanost do človeka.

Nespodobnost do Boga

Tudi med tistimi, ki verujejo in izpovedujejo ljubezen do Boga, ko vzamemo pod drobnogled njihova dejanja in besede, je veliko takšnih, ki so daleč od tega, da bi ljubili Boga. Na primer, dremanje v času bogoslužja je eno od osnovnih oblik neolikanosti pred Bogom.

Dremanje med bogoslužjem je enako dremanju v prisotnosti Boga samega. Precej neolikano bi bilo že, če bi zadremali pred predsednikom države ali direktorjem podjetja. Koliko bolj nespodobno je potem šele, če zadremamo pred Bogom? To bi povzročilo veliko senco dvoma, ali sploh lahko še naprej izpovedujemo ljubezen do Boga. Ali pa, predpostavimo, da se srečate z ljubljeno osebo in med druženjem zadremate. Ali lahko potem rečemo, da resnično ljubite to osebo?

Prav tako, če vodite osebne pogovore z ljudmi v času bogoslužja, ali če sanjarite, se to vse smatra za nespodobno vedenje. Takšno vedenje je namreč pokazatelj, da verniku primanjkuje spoštovanja in ljubezni do Boga. Tovrstna vedenja pa vplivajo tudi na duhovnike. Predpostavimo, da nek vernik govori z drugo osebo, ki sedi zraven njega, ali pa je zamišljen s praznimi mislimi oziroma zadrema. Tedaj se bo duhovnik morda spraševal, ali njegovo sporočilo ni dovolj milostljivo. Morda bo izgubil navdih Svetega Duha in več ne bo mogel pridigati s polnostjo Duha. Vsa ta dejanja bodo nazadnje škodila tudi drugim vernikom.

Enako velja, kadar zapustimo svetišče sredi maše. No, seveda to ne velja za prostovoljce, ki opravljajo svoje dolžnosti in pomagajo pri vodenju bogoslužja. Vendar, z izjemo zares posebnih primerov, se je primerno gibati šele takrat, ko je bogoslužja v celoti konec. Nekateri ljudje pomislijo: "Saj lahko med odhodom poslušam sporočilo," in zapustijo cerkev še pred zaključkom maše. Tudi to šteje za nespodobnost.

Cerkveno bogoslužje lahko danes primerjamo z žgalnimi daritvami iz Stare zaveze. Ko so darovali žgalne daritve, so drobovje in noge oprali z vodo, nakar je duhovnik žival sežgal na oltarju (Levitik 1:9).

Takšno dejanje v današnjem kontekstu pomeni, da moramo darovati primerno in popolno bogoslužje, od začetka do kraja, vse v skladu z določenimi formalnostmi in postopki. Z vsem srcem moramo slediti vsaki zaporedni točki bogoslužja, začenši s tiho molitvijo in dokler ne končamo z blagoslovom ali Gospodovo molitvijo. Ko pojemo hvalnice ali molimo, in celo v času darovanja hostije, moramo predati vso naše srce. In poleg uradnih maš v cerkvi, moramo pri vseh molitvenih srečanjih, bogoslužjih ali med čaščenjem darovati z vsem našim srcem.

Če želimo častiti Boga z vsem srcem, pa v prvi vrsti ne smemo zamuditi na bogoslužje. Tudi na srečanja z ljudmi ni primerno zamujati, in kako nespodobno je potem šele zamujati na srečanje z Bogom? Bog namreč vedno čaka na kraju čaščenja, da bi sprejel naše bogoslužje.

Potemtakem ne smemo priti šele tik pred začetkom bogoslužja, pač pa je lepo od nas, da pridemo zgodaj in molimo ob kesanju in se pripravimo na mašo. Povrh tega je nespodobno uporabljati mobilne telefone med bogoslužjem, kot tudi dovoliti majhnim otrokom tekati znotraj cerkve in se igrati. Žvečenje žvečilnega gumija ali uživanje hrane v času bogoslužja je seveda prav tako nespodobno ravnanje.

Tudi vaš zunanji videz je pomemben pri bogoslužju. Običajno se ne spodobi obiskati cerkve v hišnih ali delavskih oblačilih. Z obleko namreč izražamo naše spoštovanje do sočloveka. Božji otroci, ki resnično verujejo v Boga, se dobro zavedajo, kako dragocen je Bog, zato si vedno nadenejo najbolj uglajena oblačila, kadar Ga pridejo častiti.

Seveda pa so lahko izjeme. Sredino mašo ali petkovo celonočno čaščenje številni ljudje obiščejo naravnost iz njihovih delavnih mest. Ko tako hitijo, da bi prišli še pravočasno, jih veliko pride kar v delavskih oblačilih. V takšnem primeru jih Bog ne bo obravnaval kot neotesance, pač pa se bo razveseljeval, saj bo začutil aromo njihovih src, ko so si tako goreče prizadevali udeležiti se bogoslužja še pravočasno, čeravno so bili prezaposleni na delavnem mestu. Bog si želi gojiti ljubeče občestvo z nami skozi bogoslužja in molitve. Prav to so dolžnosti vseh Božji otrok, še posebej molitev, ki predstavlja pogovor z Bogom. Včasih, ko so ljudje zatopljeni v molitev, jih bo nekdo potrepljal po ramenih in prekinil njihovo molitev zaradi nujnega primera.

Podobno je, kadar nekoga prekinemo pri pogovoru z nadrejenim. Prav tako, kadar molimo, če odpremo oči in prenehamo moliti samo zato, ker vas je nekdo poklical po imenu, je to tudi nespodobno ravnanje. V takšnem primeru morate najprej končati molitev in se šele nato odzvati.

V kolikor darujemo čaščenje in molitev v duhu in resnici, nas bo Bog nagradil z blagoslovi in nagradami. In tudi veliko hitreje bo Bog uslišal naše molitve, saj bo z navdušenjem sprejel aromo našega srca. Če pa skozi leta nabiramo nespodobna dejanja, bo to ustvarilo zid greha med nami in Bogom. Tudi med možem in ženo ali med starši in otroki prihaja do nenehnih konfliktov, če se njihov medsebojni odnos dlje časa ohranja brez ljubezni. Enako velja za Boga. Če smo zgradili zid med nami in Bogom, ne bomo obvarovani pred boleznimi ali nesrečami, in srečevali se bomo z različnimi stiskami. Morda ne bomo prejeli odgovorov na naše molitve, četudi smo molili dolgo časa. Po drugi strani pa, če ohranjamo primeren odnos do čaščenja in molitve, bomo zlahka premagovali vse težave.

Cerkev je sveta Božja hiša

Cerkev je kraj, kjer biva Bog. Psalmi 11:4 pravijo: "GOSPOD je v Svojem svetem templju, GOSPOD ima Svoj prestol v nebesih." V času Stare zaveze ni mogel kar vsak stopiti v sveti prostor. To je bilo dovoljeno le duhovnikom. Samo višji duhovnik je lahko stopil v notranje svetišče hiše, v presveto, in še to le enkrat letno. Medtem pa lahko danes po milosti našega Gospoda vsak stopi v svetišče in Ga časti. To je zato, ker nas je Jezus z Njegovo krvjo odkupil naših grehov, kot piše v Pismu Hebrejcem 10:19, "Bratje, ker imamo zaupnost, da po Jezusovi krvi stopamo v svetišče."

Svetišče se ne nanaša le na prostor, kjer lahko častimo Boga, temveč zajema vse prostore cerkve, vključno z dvoriščem. Zato moramo vsakič, ko smo v cerkvi, previdno pretehtati našo sleherno besedo in dejanje. V svetišču se ne smemo razburjati ali prerekati, govoriti o posvetnih razvedrilih ali poslu. Enako velja za malomarno rokovanje s svetimi Božjimi predmeti v cerkvi, da jih ne bi poškodovali, uničili ali zapravili.

Še posebej nesprejemljivo pa je nakupovanje ali prodajanje česarkoli v cerkvi. Danes, ko je spletno nakupovanje tako zelo razširjeno, nekateri kar v cerkvi preko interneta plačajo za kupljene izdelke in jih tudi dobijo dostavljene v cerkev. Pri tem gre za jasno poslovno transakcijo. Zavedati se moramo, da je Jezus stopil v tempelj in izgnal vse, ki so v templju prodajali in kupovali. Menjalcem denarja je prevrnil mize, prodajalcem golobov pa stole. Jezus v templju ni sprejel niti preprodajanja živali, ki so bile namenjene kot žgalne daritve. Zatorej v cerkvi ne smemo prodajati ali kupovati nobenih reči za osebne potrebe. In enako seveda velja za prirejanje bazarjev pred cerkvijo.

Vsi prostori cerkve morajo biti namenjeni čaščenju Boga ter druženju z brati in sestrami v Gospodu. Kadar pogosto molimo in se družimo v cerkvi, moramo biti previdni, da ne bi postali brezčutni do svetosti same cerkve. Če ljubimo cerkev, se v njej ne bomo vedli nespodobno, kot je zapisano v Psalmih 84:10: "Da, en dan v Tvojih dvorih je boljši kakor tisoč drugih; raje ostanem na pragu hiše svojega Boga, kakor da bi stanoval v šotorih krivičnosti."

Nespodobnost do ljudi

Sveto pismo pravi, da kdor ne ljubi svojega brata, ne more ljubiti Boga. Če se vedemo nespodobno do ljudi, ki jih lahko vidimo, kako naj potem ohranjamo spoštovanje do Boga, ki je neviden?

"Če kdo pravi: 'Ljubim Boga,' pa sovraži svojega brata, je lažnivec. Kdor namreč ne ljubi svojega brata,

ki ga je videl, ne more ljubiti Boga, katerega ni videl" (1 Janez 4:20).

Pomislimo na najbolj pogosta nespodobna dejanja v našem vsakdanu, ki jih lahko zlahka prezremo. Ponavadi, kadar iščemo lastne koristi brez ozira na druge ljudi, pri tem storimo veliko nevljudnih dejanj. Tudi ko se denimo pogovarjamo po telefonu, moramo prav tako upoštevati etiketo vedenja. Če nekoga pokličemo pozno zvečer ali ponoči, ali če dolgo govorimo z osebo, ki je sicer izredno zaposlena in nima časa, bo to pustilo negativne posledice. Zamujanje na sestanke ali nenajavljeni oz. nepričakovani obiski na domu znancev so prav tako primeri nevljudnosti.

Marsikdo bo pomislil: "Izredno sva si blizu s to osebo, zato je najbrž preveč formalno upoštevati vsa ta pravila." Morda resnično gojite odličen odnos in nekoga poznate do potankosti, vendar je še vedno izredno težko 100 % razumeti njegovo srce in duševno stanje. Morda verjamemo, da izražamo prijateljstvo do njega, vendar pa lahko naš prijatelj vidi to dejanje v povsem drugi luči. Zato moramo vedno upoštevati stališča drugih ljudi. Še posebej moramo paziti, da nismo nevljudni do naših najbližjih.

Velikokrat se zgodi, da smo brezobzirni oz. prizadenemo čustva tistih, ki so nam najbližji. Nesramni smo do družinskih članov in tesnih prijateljev, dokler končno ne privede do napetosti v našem odnosu. Tudi starejši ljudje pogosto obravnavajo mlajše ali podrejene posameznike na nespodoben način. Do njih so nespoštljivi oz. jih nagovarjajo z gospodovalnim odnosom in jih tako spravljajo v nelagodje.

Danes je težko najti ljudi, ki z vsem srcem služijo svojim staršem, učiteljem in ostarelim osebam, kot bi se to spodobilo. Nekateri sicer pravijo, da se je svet močno spremenil, vendar nekatere stvari se nikoli ne spremenijo. Levitik 19:32 pravi: "Pred sivo glavo vstani, prikloni se staremu človeku in boj se svojega Boga; Jaz sem GOSPOD."
Božja volja od nas terja, da izpolnimo našo dolžnost tudi do sočloveka. Božji otroci se moramo držati tudi zakonov tega sveta in ne smemo ravnati nespodobno. Na primer, če povzročimo nemir na javnem kraju, pljuvamo po ulicah ali kršimo prometne predpise, smo s tem ravnali nespodobno do drugih ljudi. Kot kristjani moramo biti sol in luč sveta, zato moramo biti izredno previdni pri naših besedah, dejanjih in vedenju.

Postava ljubezni je najvišje merilo

Večina ljudi preživi večji del svojega časa v družbi z drugimi ljudmi, pri čemer debatirajo, uživajo ob hrani in poslovno sodelujejo. V ta namen v našem vsakdanjem življenju veljajo različne kulturne etikete. Vsak ima različno stopnjo izobrazbe in tudi kultura se močno razlikuje v različnih državah in med različnimi narodi. Kaj bi potemtakem moralo biti merilo za naše manire?

To merilo je postava ljubezni v našem srcu. Postava ljubezni se nanaša na postavo Boga, ki je ljubezen sama. Namreč, do te mere, do katere si vtisnemo Božjo besedo v naše srce in jo izpolnjujemo, nas bodo krasile lastnosti Gospoda in ne bomo ravnali nespodobno. Spet drug pomen postave ljubezni pa je 'uvidevnost'. Možakar se je pozno v noč prebijal po poti s svetilko v roki. Naproti mu je prihajal nek drug moški in ob pogledu na tega možakarja s svetilko opazil, da je slep. Začudeno ga je vprašal, čemu nosi svetilko, ko pa vendar ne more videti. Možakar je odgovoril: "Svetilko imam zato, da se vi ne bi zaleteli vame. Ta svetilka je namenjena vam." Ta zgodba ponuja nauk o uvidevnosti. Uvidevnost do drugih, četudi se zdi trivialna, je lahko izredno ganljiva. Nespodobna dejanja prihajajo iz neuvidevnosti do drugih, kar nakazuje na pomanjkanje ljubezni. Če resnično ljubimo druge, bomo do njih vedno uvidevni in ne bomo ravnali nespodobno.

Kadar v poljedelstvu odstranimo preveč rastlin slabše kakovosti, bodo pridelane rastline zaužile vsa razpoložljiva hranila, zato bo njihova stena prekomerno debela in njihov okus neprijeten. Če nismo uvidevni do drugih, bomo za trenutek morda res uživali v vsem, kar nam bo na voljo, vendar bomo kmalu postali neprijetni in debelokožni ljudje, tako kot omenjene rastline, ki so zaužile preveč hranil.

Zatorej, kakor pravi pismo Kološanom 3:23: "Karkoli že delate, delajte iz srca, kot da delate za Gospoda, ne za ljudi," moramo služiti vsem ljudem z vsem spoštovanjem, tako kot služimo Gospodu.

7. Ljubezen ne išče svojega

V sodobnem svetu ni težko najti sebičnosti. Ljudje si prizadevajo za lastne koristi in ne v dobro družbe. V nekaterih državah dodajajo škodljive kemikalije mleku v prahu, ki je namenjeno dojenčkom. Nekateri ljudje povzročijo veliko škodo lastni državi, ko ukradejo kakšno izredno pomembno tehnologijo. Zaradi mentalitete 'ne na mojem dvorišču', oblasti težko postavljajo javne objekte, kot so odlagališča odpadkov ali javni krematoriji. Ljudem ni mar za dobrobit drugih ljudi, ampak mislijo samo nase. Tudi v našem vsakdanu redno naletimo na sebična dejanja, četudi niso tako resne narave.

Na primer, kadar gredo sodelavci ali prijatelji skupaj na večerjo in morajo izbrati hrano z menija, eden od njih odločno izbere svojo priljubljeno jed, nakar se nekdo drug tudi sam odloči za enako jed, čeprav pri sebi čuti zadržke. Takšen človek vedno najprej vpraša druge za mnenje. In potem vselej z veseljem zaužije to hrano, ki so jo izbrali drugi, pa naj mu hrana tekne ali ne. V katero kategorijo spadate vi?

Skupina ljudi se zbere na srečanju v sklopu priprav na nek dogodek. Na voljo imajo več možnosti. Ena oseba vztraja pri svojem mnenju in kljubuje ostalim. Medtem pa druga oseba ne vztraja tako odločno pri svojem mnenju in naposled z oklevanjem sprejme tuje mnenje, čeprav ji ni najbolj všeč.

Takšen človek posluša in upošteva mnenja drugih ljudi. In četudi se njihova zamisel razlikuje od njegove, se vseeno poskuša podrediti. Ta razlika med ljudmi prihaja iz količine ljubezni, ki jo posameznik nosi v svojem srcu.

Ko pride do navzkrižja mnenj, ki vodi do prerekanj ali sporov, je razlog vedno iskanje lastnih interesov, saj ljudje vztrajajo samo pri svojih stališčih. Če zakonca vztrajata vsak pri svojih stališčih in nista pripravljena na kompromise, bosta pogosto v sporu in ne bosta razumela drug drugega. Mir lahko dosežeta samo tako, da eden od njiju popusti, vendar pa tak mir nikoli ne traja dolgo.

Če nekoga ljubimo, bomo zanj skrbeli bolj kot zase. Lep primer je starševska ljubezen. Večina staršev najprej pomisli na dobrobit otrok, še preden pomislijo nase. Matere tako raje slišijo "vaša hčerka je izredno čedna," kakor pa "vi ste izredno čedni."

Raje kot bi same pojedle kaj okusnega, čutijo več zadovoljstva, kadar so otroci siti. Raje kot bi same nosile lepa oblačila, jim je v večje veselje, ko lahko kupijo oblačila svojim otrokom. Prav tako si želijo, da bi bili njihovi otroci bolj inteligentni od njih samih. Za otroke si želijo, da bi bili cenjeni in oboževani s strani drugih. Če izkazujemo tovrstno ljubezen do naših sosedov in vseh okrog nas, bo Bog Oče neskončno zadovoljen z nami!

Abraham je z ljubeznijo iskal korist drugih

Kadar postavimo interese drugih ljudi pred svoje lastne

interese, to izhaja iz žrtvene ljubezni. Abraham je lep primer človeka, ki je raje kot nase najprej poskrbel za interese drugih.

Ko je Abraham zapustil svojo rojstno deželo, mu je pri tem sledil njegov nečak Lot. Zahvaljujoč Abrahamu je bil Lot kasneje bogato blagoslovljen in si je lastil toliko živali, da je začelo primanjkovati vode za njuni čredi drobnice in govedi. Njuni pastirji so se celo prerekali zaradi tega.

Abraham ni želel prelomiti miru, zato je Lotu dovolil izbrati, kam bi želel odvesti svojo družino in črede. Pri skrbi za čredo sta najpomembnejši trava in voda, ker pa kraj, kjer sta živela, ni nudil dovolj trave niti vode za vso drobnico, je predaja boljše zemlje na nek način pomenila predajo vira, potrebnega za preživetje.

Abraham je bil tako zelo uvideven do Lota, ker ga je močno ljubil. Toda Lot ni razumel te velike Abrahamove ljubezni, zato je preprosto izbral vso jordansko pokrajino in se odselil proti vzhodu. Ali se je Abraham počutil neprijetno, ko je Lot brez oklevanja izbral zanj najboljšo pokrajino? Nikakor! Bil je srečen, da je nečak izbral boljšo zemljo.

Bog je videl to dobro Abrahamovo srce in ga še bolj bogato blagoslovil. Pravzaprav je postal tako bogat človek, da so ga spoštovali celo kralji na tistem območju. Kot ponazarja ta primer, bomo blagoslovljeni od Boga, če postavljamo interese drugih pred naše lastne interese.

Kadar nekaj podarimo ljubljeni osebi, nam bo to v veliko

veselje. Gre za obliko veselja, ki ga razumejo samo tisti, ki so v življenju podarili kaj zelo dragocenega svojim ljubljenim. Jezus je užival tovrstno veselje. In če bomo vzgojili popolno ljubezen, bomo tudi mi izredno srečni v življenju. Težko je sicer obdariti tiste, ki jih sovražimo, nikakor pa ni težko obdariti tistih, ki so nam pri srcu. Ljubljene osebe bomo rade volje obdarili.

Za dosego neizmerne sreče

Popolna ljubezen nam prinaša neizmerno srečo. In da bi osvojili to popolno ljubezen, kakršno je gojil Jezus, moramo postaviti interese drugih pred lastne interese. Raje kot nam samim, moramo dajati prednost sosedom, Bogu, Gospodu in cerkvi, in takrat bo Bog poskrbel za nas. Kadar delujemo v korist drugih, nam Bog to obilno poplača v obliki nebeških nagrad. Zato Bog pravi v Apostolskih delih 20:35 pravi: "Večja sreča je dajati kakor prejemati."

Treba pa je upoštevati eno stvar. Pri našem prizadevanju za Božje kraljestvo se ne smemo naprezati čez naše fizične zmožnosti, saj bi nam to lahko povzročilo zdravstvene težave. Bog bo sicer sprejel naše srce in razumel, če bomo zvesti preko naših omejitev, vendar pa naše fizično telo potrebuje počitek. Poleg tega moramo poskrbeti tudi za blagostanje naše duše preko molitve, postenja in preučevanja Božje besede. Zato ne smemo zgolj garati za cerkev.

Nekateri škodujejo lastnim družinskim članom ali drugim ljudem, ker vlagajo preveč časa v verske ali cerkvene dejavnosti.

Nekateri na primer zaradi postenja ne uspejo ustrezno izpolniti svojih dolžnosti na delovnem mestu. Nekateri študentje zanemarjajo študij, da bi lahko sodelovali pri verouku. V vseh teh primerih boste morda pomislili, da ti ljudje niso stregli lastnim interesom, saj se neizmerno trudijo in garajo. Vendar to ne drži. Sicer res garajo za Gospoda, ampak niso zvesti v vsej Božji hiši in posledično niso izpolnili celotne dolžnosti Božjih otrok. V resnici so iskali le lastne koristi.

Kako naj potemtakem postopamo, da ne bi iskali lastnih koristi? Zanašati se moramo na Svetega Duha. Sveti Duh, ki je srce Boga, nas vodi do resnice. V Božjo slavo lahko živimo samo tako, da vse počnemo po vodstvu Svetega Duha, kakor je dejal apostol Pavel: "Najsi torej jeste ali pijete ali delate kaj drugega, vse delajte v Božjo slavo" (1 Korinčanom 10:31).

Da bi nam uspelo živeti po zgornjem vodilu, moramo najprej izkoreniniti vso hudobijo iz našega srca. In če povrh tega vzgojimo še iskreno ljubezen v našem srcu, nas bo obogatila še modrost dobrote, s katero bomo znali prepoznati Božjo voljo v vsakdanjem življenju. Ko bo šlo naši duši dobro, bo tudi nam šlo dobro pri vseh stvareh in bomo zdravi, zato bomo lahko zvesti Bogu v največji meri. In hkrati bomo ljubljeni tudi od naših sosedov in družinskih članov.

Ko me obiščejo mladoporočenci in prosijo za blagoslovno molitev, vselej molim zanje, da bi najprej iskali korist svojega partnerja. Če namreč najprej iščejo lastne koristi, ne bodo uživali miru v družini.

V življenju lahko iščemo koristi za naše ljubljene osebe ali pa tiste, ki nam prinašajo določene prednosti. Kako pa je s tistimi, ki nam nenehno grenijo življenje in vedno sledijo le lastnim interesom? Ali pa tisti, ki nam škodujejo, oziroma nam ne morejo nuditi nobene koristi? Kako naj obravnavamo tiste, ki hodijo v neresnici in ves čas bruhajo hudobne besede?

V teh primerih, če se jih preprosto izogibamo in se nismo pripravljeni zanje žrtvovati, to še vedno pomeni, da iščemo lastne koristi. Znati se moramo žrtvovati in popuščati celo takšnim ljudem, ki gojijo drugačne poglede od nas. Šele tedaj bomo veljali za posameznike, ki izžarevajo duhovno ljubezen.

8. Ljubezen se ne da razdražiti

Ljubezen napaja človekovo srce s pozitivnostjo. Po drugi strani pa ga jeza napaja z negativnostjo. Jeza škoduje srcu in ga dela temačnega. Če se torej razjezite, ne morete ostajati v Božji ljubezni. Sovraštvo in jeza sta največja past, ki jo je sovražnik hudič in Satan nastavil Božjim otrokom.

Razdraženost pa ne zajema le jeze, kričanja, preklinjanja in nasilnosti. Če se vaš obraz popači, če se spremeni barva vašega obraza, ali če začnete govoriti na odrezav način, ste se pustili sprovocirati oz. razdražiti. Četudi se razdraženost razlikuje od primera do primera, gre še vedno za zunanje izražanje sovraštva in zlonamernih čustev srca. Kljub temu pa ne smemo zgolj na podlagi videza obsojati ljudi, češ da so sovražno nastrojeni. Težko je namreč točno vedeti, kaj nekdo čuti v svojem srcu.

Jezus je nekoč izgnal vse ljudi, ki so v templju prodajali in kupovali. Preprodajalci so postavili mize in menjavali denar ter prodajali živino ljudem, ki so obiskali jeruzalemski tempelj, da bi videli velikonočno jagnje. Jezus je sicer izredno ponižen, se nikoli ne prepira ali vpije in nihče ne bo na ulicah slišal Njegovega glasu. Toda v omenjenem prizoru se je Jezus odzval povsem drugače kot ponavadi.

Iz vrvi je spletel bič in iz templja izgnal ovce, govedo in druge žrtvene živali. Menjalcem denarja je prevrnil mize, prodajalcem golobov pa stole. Ko so ljudje okrog Njega videli takšnega Jezusa, so gotovo pomislili, da je jezen. Toda Jezus ni bil jezen iz sovraštva ali kakšnih drugih zlonamernih čustev, pač pa je preprosto pokazal Svojo pravično ogorčenost. S to Njegovo pravično ogorčenostjo nam Jezus daje vedeti, da je nepravično skrunjenje Božjega templja nedopustno. Takšna pravična ogorčenost je rezultat ljubezni Boga, ki izpopolnjuje ljubezen s Svojo pravičnostjo.

Razlika med pravično ogorčenostjo in jezo

V 3. poglavju Markovega evangelija Jezus na šabat v shodnici ozdravi moškega s suho roko. Ljudje so pri tem opazovali Jezusa, da bi Ga lahko kasneje obtožili kršenja šabata. Ampak Jezus je poznal srca ljudi in je vprašal: "Ali se sme v soboto delati dobro ali zlo, življenje rešiti ali uničiti?" (Marko 3:4)

Njihova namera je bila razkrinkana in ostali so brez besed. Jezusova jeza je bila usmerjena proti njihovim zakrknjenim srcem.

Jezno jih je premeril z očmi in žalosten nad zakrknjenostjo njihovih src rekel človeku: "Iztegni roko!" Iztegnil jo je in roka je bila ozdravljena (Marko 3:5).

Tisti čas so pokvarjeni ljudje poskušali obsoditi in ubiti Jezusa, ki je delal samo dobra dela. Zato je Jezus včasih uporabil ostre besede zanje. Tako jim je skušal pomagati, da bi se spreobrnili in obrnili proč od pogube. Tudi Jezusova pravična ogorčenost je izhajala iz Njegove ljubezni in je včasih obudila ljudi ter jih vodila do življenja. Prav to je tista velika razlika med jezo in pravično ogorčenostjo. Šele ko človek postane posvečen in izkorenini vse grehe, njegove graje in ukori dajejo življenje dušam. Medtem pa brez posvečenega srca človek ne more obroditi tega sadu.

Ljudje se razjezijo iz različnih razlogov. Prvič - ker se zamisli in želje ljudi med seboj močno razlikujejo. Vsak ima svoje družinsko ozadje in izobrazbo, zato se njihova srca, razmišljanje in merila za presojanje dobrega in slabega močno razlikujejo. Ljudje drugim vsiljujejo svoja lastna stališča in pri tem prihaja do zamer. Predpostavimo, da ima mož rad slano hrano, žena pa neslano. Žena lahko reče: "Preveč soli škoduje zdravju. Moral bi omejiti uživanje soli." Z dobrim namenom tako svetuje svojemu možu. Toda če mož tega ne želi, žena ne bi smela vztrajati pri svojem, ampak bi morala najti skupno točko in drug drugemu popuščati. Samo tako, s skupnimi prizadevanji, bosta lahko ustvarila srečno družino.

Drugič - človek se pogosto razjezi, ko ga drugi ne upoštevajo. To še zlasti velja za starejše ljudi in tiste na višjih položajih, ki zahtevajo poslušnost od drugih. Seveda je prav spoštovati starejše in upoštevati tiste na višjih položajih, vseeno pa ni prav, kadar želijo ti ljudje prisiliti svoje podrejene k poslušnosti.

Pogosto srečamo primere, ko nekdo na visokem položaju ne posluša podrejenih, ampak od njih zahteva, da se uklonijo sleherni njegovi besedi. Spet v drugih primerih se ljudje razjezijo, kadar utrpijo škodo oziroma so obravnavani nepravično. Prav tako se lahko človek razjezi, kadar mu ljudje očitajo brez razloga, ali kadar ljudje ne izpolnjujejo njegovih zahtev oz. navodil; ali kadar ga preklinjajo oz. zmerjajo.

Še preden se razjezijo, ljudje najprej razvijejo zlonamerna čustva v svojem srcu. Nato besede ali dejanja drugih ljudi spodbudijo ta njihova čustva, dokler končno ne izbruhnejo v jezi. Ponavadi je prav takšno zlonamerno čustvo povod za jezo. In če se razjezimo, ne moremo bivati v Božji ljubezni in naša duhovna rast bo resno ogrožena.

Dokler gojimo zlonamerna čustva, se ne moremo spreobrniti z resnico, zato moramo najprej izkoreniniti našo razdraženost in jezo kot takšno. 1 Korinčanom 3:16 pravi: "Mar ne veste, da ste Božji tempelj in da Božji Duh prebiva v vas?"

Dojeti moramo, da Sveti Duh biva v našem srcu kot v templju in da nas Bog ves čas skrbno opazuje. Če bomo to razumeli, se ne bomo pustili razdražiti samo zaradi tega, ker določene stvari niso v skladu z našimi zamislimi.

Človekova jeza ne uresničuje Božje pravičnosti

Elizej je prejel dvojni delež od Elijinega duha in je uprizarjal številna dela Božje moči. Neplodni ženi je dal blagoslov spočetja, obudil je mrtvo osebo, zdravil gobavce in porazil sovražnikovo vojsko. Nepitno vodo je spremenil v užitno, ko je vanjo vrgel sol. Pa vendar je umrl zaradi bolezni, kar je bila izredna redkost za velikega Božjega preroka.

Kaj bi lahko bil razlog? Zgodilo se je na poti v Betel, ko se mu je zaradi njegovega videza posmehovala brezbožna mladina, ki je prišla iz mesta. "Pojdi gor, plešec; pojdi gor, plešec!" (2 Kralji 2:23)

Elizej je bil močno osramočen, ko mu je tako sledila množica fantičev in se iz njega norčevala. Oštel jih je in jih opozarjal, ampak ga niso poslušali. Trmoglavo so se posmehovali preroku, kar je bilo zanj nevzdržno.

Betel je veljal za nekakšno zibelko malikovanja v severnem Izraelu po razdelitvi dežele. Lokalni fantiči so zagotovo imeli močno zakrknjena srca kot rezultat okolja čaščenja malikov. Blokirali so pot, pljuvali po Elizeju in celo metali kamne vanj. Nazadnje jih je Elizej preklel v Gospodovem imenu in takrat sta iz gozda prišli dve medvedki in raztrgali dvainštirideset dečkov.

Seveda so bili sami krivi za tragedijo, ko so zasmehovali Božjega človeka čez vse meje, vendar pa ta dogodek dokazuje, da je Elizej gojil zlonamerna čustva. In prav to dejstvo je močno povezano z njegovo smrtjo po bolezni. Božji otroci se ne bi smeli pustiti tako razjeziti. "... kajti človekova jeza ne uresničuje Božje pravičnosti" (Jakob 1:20).

Kako premagati jezo?

Kaj moramo ravnati, da se ne bi razjezili? Ali moramo jezo zadušiti s samokontrolo? Če vzmet močno stisnemo, pridobi veliko odbojno silo in se nemudoma sproži, ko umaknemo roko. Enako velja za jezo. Če jo zadušimo, bomo mogoče res preprečili konflikt v tistem trenutku, a bomo prej ko slej izbruhnili. Zatorej moramo izkoreniniti sam občutek jeze. Samo tako se ne bomo pustili sprovocirati. In ne smemo je zgolj zadušiti, pač pa jo moramo preoblikovati v dobroto in ljubezen, da nam ne bo treba več ničesar dušiti.

Seveda pa zlonamernih čustev ne možno odpraviti kar čez noč in jih nadomestiti z ljubeznijo in dobroto. Po tem cilju moramo strmeti iz dneva v dan. Kot prvo moramo v konfliktnih okoliščinah ostajati potrpežljivi in vse prepuščati Bogu. V študiji Thomasa Jeffersona, tretjega predsednika Združenih držav, menda piše: "Ko ste jezni, štejte do deset, preden spregovorite. In če ste močno jezni, štejte do sto." Tudi korejski pregovor pravi: "Trikrat izkazana potrpežljivost ustavi umor."

Ko smo jezni, se moramo ustaviti in pomisliti na morebitne koristi, ki nam jih jeza prinaša v dani situaciji. Tako ne bomo storili ničesar, kar bi kasneje obžalovali oziroma se sramovali. Ko se trudimo ostati potrpežljivi z molitvijo in ob pomoči Svetega Duha, bomo kmalu izkoreninili zlonamerni občutek jeze. Če smo se nekoč razjezili desetkrat, se bo zdaj to število omejilo na devet, kasneje na osem in tako naprej. Nazadnje bomo tako ostajali mirni tudi v konfliktnih okoliščinah. Takrat bomo neizmerno srečni!

Pregovori 12:16 pravijo:"Bedak takoj pokaže svojo jezo, pametni pa prikriva žalitev," Pregovori 19:11 pa dodajajo:

"Človekova dojemljivost zadržuje njegovo jezo, šteje si v čast, da spregleda žalitev."

'Jeza' je zgolj en 'n' oddaljena od 'nevarnosti'. Treba je razumeti, kako nevarna je v resnici jeza. Končni zmagovalec je namreč vedno tisti, ki jezo premaga. Nekateri ljudje s samokontrolo zadušijo jezo v cerkvi, a potem toliko lažje izbruhnejo doma, v šoli ali na delovnem mestu. Ampak Bog nas ne spremlja le v cerkvi.

Bog pozna vsa naša dejanja, vsako izgovorjeno besedo in vsako porojeno misel. Bog nas opazuje povsod, in Sveti Duh biva v našem srcu. Zatorej moramo živeti kot bi ves čas stali pred Bogom.

Neka zakonca sta se zapletla v prepir, ko je besen mož zavpil na ženo, naj pri priči utihne. Te besede so jo tako pretresle, da vse do smrti več ni odprla ust. Veliko je pretrpel tudi mož, ki je v izbruhu jeze verbalno napadel ženo. Jeza lahko povzroči veliko trpljenja, zato si moramo prizadevati odpraviti vse oblike zlonamernih čustev.

9. Ljubezen ne misli hudega

Pri vodenje cerkve srečujem širok spekter različnih ljudi. Nekateri čutijo Božjo ljubezen in točijo solze, ko samo pomislijo Nanj, medtem ko drugi živijo z nemirnimi srci, saj globoko v sebi ne čutijo Božje ljubezni, čeprav verujejo in ljubijo Boga. Božjo ljubezen lahko čutimo do te mere, do katere smo izkoreninili grehe in hudobijo. V kolikor živimo po Božji besedi in odpravimo hudobijo iz našega srca, bomo čutili Božjo ljubezen globoko v srcu in naša vera bo neprekinjeno rasla. Občasno se bomo morda soočili s težavami na naši poti vere, toda ravno v takšnih trenutkih se je potrebno spomniti Božje ljubezni, ki ves čas čaka na nas. Dokler ne bomo pozabili na Božjo ljubezen, ne bomo mislili hudega.

Kadar mislimo hudo

Dr. Archibald D. Hart, nekdanji dekan Šole za psihologijo na Fullerjevem teološkem semenišču, je v svoji knjigi z naslovom Zdravljenje skritih odvisnosti zapisal, da se vsak četrti mladostnik v Ameriki spopada s hudo depresijo, ter da droge, seks, internet, alkohol, kajenje in depresija uničujejo življenja mladih ljudi.

Ko odvisniki prenehajo jemati poživila, ki vplivajo na način razmišljanja, počutja in vedenja, jim pogosto ostane zelo malo, če sploh kaj, prostora za shajanje. Odvisnik bo začel iskati druga zasvoljiva vedenja, ki vplivajo na možgansko kemijo. Ta zasvoljiva vedenja lahko vključujejo seks, ljubezen in razmerja. Ker jim nič ne prinaša zadoščenja, in poleg tega ne čutijo ne milosti in ne radosti, ki ju prinaša odnos z Bogom, jih vse to zrine v veliko stisko, po besedah dr. Harta. Odvisnost je iskanje zadoščenja v drugih rečeh, namesto v Božji milosti in radosti, in je kot takšna rezultat ignoriranja Boga. Odvisnik bo pravzaprav ves čas mislil hudo.

In kaj sploh pomeni misliti hudo? To se nanaša na zlobne reči, ki niso v skladu z Božjo voljo. Zlobno razmišljanje v splošnem delimo na tri oblike.

Prva oblika je vaša misel, ko si skrivoma želite, da bi se drugim ljudem pripetilo kaj slabega.

Predstavljamo si primer, ko ste se z nekom sprli. To osebo potem močno sovražite in pomislite: "Ko bi se le spotaknil in padel na tla." Ali če ste v slabih odnosih s sosedom, ko se temu sosedu zgodi kaj slabega. Morda boste pomislili "prav mu je!" ali "vedel sem, da se bo prej ali slej zgodilo!" Ali na primer študentje. Pogosto se zgodi, da si nek študent želi, da bi sošolcu spodletelo na izpitu.

Če gojite iskreno ljubezen, nikoli ne boste pomislili na takšne zlobne stvari. Bi si želeli, da vaši bližnji zbolijo oziroma doživijo prometno nesrečo? Za svojo drago ženo oz. moža si boste želeli, da bi bil vedno zdrav in se mu ne bi zgodilo nič hudega. Kadar pa nimamo te ljubezni v našem srcu, takrat želimo vse najslabše drugim ljudem in se razveseljujemo nad nesrečo drugih.

Prav tako nas zanimajo slabosti oz. šibke točke drugih ljudi, ki bi jih lahko širili naokrog. Predpostavimo, da ste odšli na neko srečanje in je tam nekdo obrekoval drugo osebo. Če ste z veseljem prisluhnili takšnemu pogovoru, potem morate preveriti vaše srce. Namreč, ali bi želeli poslušati, kako nekdo obrekuje vaše starše? Takšno osebo bi nemudoma prekinili.

Seveda pa obstajajo primeri, ko si dejansko želite poznati položaj drugih ljudi, da bi jim lahko pomagali. Kadar pa temu ni tako in vas vseeno zanimajo slabosti drugih ljudi, za tem stoji vaše poželenje po obrekovanju in opravljanju drugih. "Kdor prikriva prekršek, išče ljubezni, kdor ga z besedo podvaja, ločuje prijatelje" (Pregovori 17:9).

Kdor je dober in ljubezniv po srcu, bo skušal prikriti slabosti drugih ljudi. Prav tako, če gojimo duhovno ljubezen, ne bomo ljubosumni ali zavidljivi, kadar gre drugim dobro, ampak bomo preprosto veseli zanje. Gospod Jezus nam je naročil ljubiti celo naše sovražnike. Pismo Rimljanom 12:14 pravi: "Blagoslavljajte tiste, ki vas preganjajo, blagoslavljajte in ne preklinjajte jih."

Druga oblika je zlobna misel, ko potihoma sodite in obsojate druge.

Vzemimo primer, ko ste opazili drugega vernika obiskati nek kraj, kamor verniki ne bi smeli zahajati. Kako bi gledali na to situacijo? Če ste hudobni, bi si morda ustvarili negativno mnenje o tem človeku in pomislili: 'Kako lahko stori kaj takšnega?' Če pa v sebi nosite kaj dobrote, bi se verjetno vprašali: 'Čemu bi obiskal takšen kraj?' Spremenili bi stališče in verjeli, da je gotovo imel svoj razlog.

V kolikor pa gojite duhovno ljubezen v vašem srcu, se vam hudobne misli sploh ne bodo porodile. Tudi če slišite kaj slabega, ne boste sodili ali obsojali osebe, dokler niste dodobra preverili vseh dejstev. Kako se v večini primerov odzovejo starši, ko slišijo kaj slabega o svojih otrocih? Novico ne sprejmejo zlahka in vztrajajo, da njihovi otroci nikoli ne bi storili kaj takšnega. Pogosto so celo prepričani v pokvarjenost osebe, ki se jim je potožila. Kadar nekoga resnično ljubite, nanj gledate v najlepši možni luči.

Vendar dan danes opažamo, da ljudje zlahka sovražijo druge ljudi in širijo slabe reči o njih. In to ne velja le za osebne odnose, ampak ljudje radi kritizirajo tudi tiste na javnih položajih.

Pravzaprav jih sploh ne zanima celotna slika in resnica, pa vendar širijo prazne govorice. Nekateri celo storijo samomor zaradi zlonamernih objav na internetu. Ljudje preprosto obsojajo druge na podlagi lastnih meril in se ne zmenijo za Božjo besedo. In kaj nam narekuje dobra Božja volja?

Jakob 4:12 nas opominja: "Zakonodajalec in sodnik je eden, tisti, ki lahko reši in pogubi. Kdo pa si ti, ki obsojaš bližnjega?"

Samo Bog lahko obsoja. In Bog nam pravi, da je hudobno obsojati našega soseda. Predpostavimo, da je nekdo storil nekaj slabega. Za ljudi, ki gojijo duhovno ljubezen, v tem primeru sploh ni pomembno, ali je oseba dejansko ravnala napačno, temveč razmišljajo samo o tem, kaj bi bilo najbolj koristno za to osebo. Želijo si samo to, da bi bil ta človek ljubljen od Boga in da bi šlo njegovi duši dobro.

Popolna ljubezen ne le zamiži na napake, ampak si hkrati

prizadeva pomagati človeku, da bi se pokesal. Prav tako moramo znati učiti resnico in se dotakniti njegovega srca, da bo posameznik lahko stopil na pravo pot do spreobrnjenja. Če gojimo popolno duhovno ljubezen, se nam ni treba truditi, da bi z dobroto obravnavali druge ljudi, pač pa bomo že po sami naravi ljubili grešnika. Želeli si bomo samo zaupati in pomagati takšnemu človeku. Ko nas ne preganjajo misli o obsojanju drugih, takrat smo zadovoljni z vsemi ljudmi, ki jih srečujemo.

Tretja oblika so vse misli, ki nasprotujejo Božji volji.

Tukaj ne gre samo za hudobne misli o drugih ljudeh, ampak se za zlo smatrajo vse misli, ki niso v skladu z Božjo voljo. Ljudje, ki živijo po moralnih merilih in v skladu z vestjo, so v posvetnem svetu označeni kot dobri ljudje.

Toda ne moralnost in ne vest ne moreta biti absolutno merilo dobrote, saj vendar pogosto nasprotujete Božji besedi. Samo Božja beseda lahko predstavlja absolutno merilo dobrote.

Kdor sprejema Gospoda, priznava, da je grešnik. Ljudje so ponosni nase zavoljo dejstva, da živijo dobra in moralna življenja, a glede na Božjo besedo so še vedno hudobni in grešniki. Vse, kar nasprotuje Božji besedi, je namreč hudobija in greh. Božja beseda je edino absolutno merilo dobrote (1 Janez 3:4).

In kakšna je potem razlika med grehom in hudobijo? V širšem smislu tako greh kot hudobija predstavljata neresnico, kar je nasprotje resnice, ki je Božja beseda. Oboje je tema, ki je v nasprotju Bogu, kateri je Luč.

Če se poglobimo, pa dejansko obstaja razlika med njima. 'Hudobija' je kakor drevesna korenina, ki je pod zemljo in je ni moč videti, 'greh' pa v tem primeru predstavlja veje, listje in sadove. Brez korenin drevo ne more imeti vej, listja ali sadov, in enako je tudi greh odvisen od hudobije, ki živi v srcu človeka. Gre za lastnost, ki nasprotuje dobroti, ljubezni in resnici Boga. In ko se ta hudobija manifestira v določeni obliki, temu pravimo greh.

Jezus je rekel: "Dober človek prinaša iz dobrega zaklada svojega srca dobro, hudoben pa iz hudobnega húdo; iz preobilja srca govorijo namreč njegova usta" (Luka 6:45).

Predpostavimo, da nekdo iz sovraštva obrekuje drugo osebo. Hudobija v njegovem srcu se tako manifestira v obliki 'sovraštva' in 'hudobnih besed', pri čemer gre za grehe. Greh je določen po merilu, imenovanem Božja beseda, ki predstavlja zapoved.

Brez zakona nihče ne more biti kaznovan, saj nimamo merila za presojo in sodbo. In enako se tudi greh razkriva skozi nasprotovanje merilu Božje besede. Greh lahko delimo na mesene stvari in dela mesa. Mesene stvari so grehi, storjeni v srcu in mislih, kot so zavist, sovraštvo in prešuštvovanje, medtem ko so dela mesa grehi, storjeni skozi dejanja, kot so prepiranje, izbruhi jeze ali umor.

Podobno velja za grehe oz. zločine tega sveta, ki jih lahko delimo na različne oblike grehov. Zločin je na primer lahko storjen nad državo, ljudmi ali posameznikom.

A četudi nekdo nosi hudobijo v svojem srcu, še to ne zagotavlja, da bo dejansko grešil. Če tak človek posluša Božjo besedo in ima samokontrolo, lahko prepreči grešenje, čeprav nosi nekaj hudobije v svojem srcu. Tedaj bo morda z zadovoljstvom pomislil, da je že dosegel posvečenost, saj vendar ne dela očitnih grehov.

Vendar, da bi postali popolnoma posvečeni, moramo izkoreniniti vso hudobijo iz našega značaja, ki se nahaja v globini našega srca. Človek namreč v svojem značaju nosi hudobijo, ki jo je podedoval od staršev. Ta hudobija se običajno ne razkriva v vsakdanjih situacijah, ampak izbruhne na površje v ekstremnih okoliščinah.

Korejski pregovor pravi nekako tako: "Na tretji dan stradanja bo vsak preskočil sosedovo ograjo." Na las podoben pregovor je tudi naslednji: "Nujnost ne priznava zakona". Dokler nismo v celoti posvečeni, se prikrita hudobija lahko razkrije v ekstremnih okoliščinah.

Četudi so izredno majhni, so iztrebki muhe še vedno iztrebki. In ravno tako, četudi ne gre za grehe, je vse, kar ni popolno v očeh popolnega Boga, določena oblika hudobije. Zato tudi 1 Tesaloničanom 5:22 pravi: "Zla, pa naj bo kakršno koli, se vzdržite."

Bog je ljubezen in Njegove zapovedi lahko združimo v besedo 'ljubezen'. Pravzaprav je hudobno in nepostavno ne ljubiti. Zatorej, da bi preverili, ali mislimo hudo, moramo pomisliti na količino ljubezni znotraj nas. Do te mere, do katere ljubimo Boga in druge duše, ne bomo mislili hudega.

To pa je Njegova zapoved, da verujemo v ime Njegovega Sina Jezusa Kristusa in se ljubimo med seboj, kakor nam je zapovedal (1 Janez 3:23).

Ljubezen bližnjemu ne prizadeva hudega; ljubezen je torej izpolnitev postave (Rimljanom 13:10).

Kako ne misliti hudega

Da ne bi mislili hudega, je v prvi vrsti pomembno, da hudobnih reči sploh ne vidimo oz. slišimo. Če pa se to vendarle zgodi, tega ne smemo pomniti ali o tem razmišljati. Hudobijo moramo takoj pozabiti. No, seveda je včasih težko nadzirati naše lastne misli in določena misel se lahko včasih še okrepi, ko jo skušamo odmisliti. Toda ko se z molitvijo borimo proti hudobnim mislim, nam pri tem pomaga Sveti Duh. Vsekakor hudobije nikoli ne smemo z namenom videti, slišati ali razmišljati o hudobnih rečeh, povrh tega pa moramo odpraviti tudi misli, ki se zgolj za trenutek porodijo v naših glavah.

Tudi pri hudobnih dejanjih seveda ne smemo sodelovati. 2 Janez 1:10-11 pravi: "Če kdo pride k vam, pa ne prinaša tega nauka, ga nikar ne sprejemajte v hišo in ga ne pozdravljajte. Kdor ga pozdravi, je namreč soudeležen pri njegovih hudobnih delih." Tako nam Bog svetuje, da se moramo izogibati hudobiji in jo zavračati.

Ljudje podedujejo grešne značajske lastnosti po svojih starših. Prav tako se v času življenja na tej zemlji srečajo s številnimi neresnicami. Na podlagi te grešne narave in neresnic oseba razvije svoj osebni značaj oziroma 'jaz'. Krščansko življenje narekuje, da moramo odpraviti tovrstne grešne lastnosti in neresnice od trenutka, ko smo sprejeli Gospoda. In da bi nam to uspelo, potrebujemo veliko potrpežljivosti in truda. Ker živimo na tem svetu, smo bolje seznanjeni z neresnico kot z resnico. Neresnico je relativno lažje sprejeti kot izkoreniniti. Tudi belo obleko na primer zlahka umažemo s črnilom, po drugi strani pa je to črnilo težko odstraniti, da bi bila obleka ponovno čista.

Poleg tega, čeprav je nekaj videti kot majhna hudobija, lahko ta v trenutku preraste v veliko hudobijo. Kot pravi pismo Galačanom 5:9: "Peščica kvasa skvasi vse testo." Majhna hudobija se lahko izredno hitro razširi na veliko ljudi. Zato moramo biti previdni z vsako hudobijo, naj bo še tako majhna. Da bi znali odmisliti hudobijo, jo moramo sovražiti brez vsakih pomislekov. Bog nam zapoveduje, da "vi, ki ljubite GOSPODA, sovražite hudo!" (Psalmi 97:10), in nas uči, da "strah GOSPODOV sovraži hudobijo" (Pregovori 8:13).

Ko nekoga strastno ljubite, vam bo všeč, kar je všeč tej osebi, in ne boste marali stvari, ki jih ne mara ta oseba. In za to ne boste potrebovali nobenega razloga. Kadar grešijo Božji otroci, ki so sprejeli Svetega Duha, le-ta v njih stoka, kar v njihovih srcih vzbuja občutek žalosti. Kmalu tako dojamejo, da Bog sovraži njihovo vedenje, zato se obrnejo proč od greha. Zelo pomembno si je prizadevati odstraniti že najmanjšo obliko hudobije in zavračati vsakršno hudobijo.

Kopičite Božjo besedo in molitve

Hudobija je popolnoma nekoristna. Pregovori 22:8 pravijo: "Kdor seje krivico, žanje izgubo." Morda bomo zboleli mi oz. naši otroci, ali pa se bomo soočali z nesrečami. Morda bomo živeli stresno življenje zaradi revščine in družinskih težav. Vse te težave izvirajo iz hudobije.

Ne slepite se: Bog se ne pusti zasmehovati. Kar bo človek sejal, bo tudi žel (Galačanom 6:7).

Seveda se težave morda ne bodo nemudoma pojavile pred našimi očmi. Hudobija se lahko nakopiči do določene mere in povzroča težave celo našim otrokom. In ker se posvetni ljudje tega ne zavedajo, so pogosto hudobni na različne načine.

Tako se jim na primer zdi povsem normalno maščevati tistim, ki so jim povzročili škodo. Toda Pregovori 20:22 pravijo: "Ne reci: 'Povrnil bom húdo.'
Zaupaj v GOSPODA in pomagal ti bo."
Bog vodi oblast nad življenjem, smrtjo, srečo in nesrečo človeštva v skladu z Njegovo pravičnostjo. Če potemtakem delamo dobro po Božji besedi, bomo zagotovo poželi sadove dobrote. Kot nam je obljubljeno v Eksodusu 20:6, ki pravi: "... toda izkazujem dobroto tisočem, tistim, ki Me ljubijo in izpolnjujejo Moje zapovedi."

Da bi se vzdržali hudobije, moramo hudobijo sovražiti. Povrh tega pa potrebujemo še zadostno in nenehno zalogo dveh stvari. To sta Božja beseda in molitev. Kadar meditiramo o Božji besedi dneve in noči, zlahka preženemo hudobne misli ter ohranjamo le duhovne in dobre misli. Takrat tudi razumemo, kakšno dejanje je dejanje iskrene ljubezni.

Poleg tega, kadar molimo, še globlje meditiramo o Božji besedi, in tako še lažje prepoznamo hudobijo v naših besedah in dejanjih. Kadar molimo goreče ob pomoči Svetega Duha, lahko zagospodarimo nad hudobijo in jo odpravimo iz našega srca. Zato nemudoma izkoreninite hudobijo z Božjo besedo in molitvijo, da boste živeli srečno življenje.

10. Ljubezen se ne veseli krivice

Bolj ko je družba razvita, večjo možnost za uspeh ima pošten človek. Prav nasprotno pa se v manj razvitih državah soočajo z več korupcije in tam je z denarjem moč doseči prav vse. Korupciji pravimo državna bolezen, saj je neposredno povezana z uspešnostjo države. Korupcija in krivica pa močno vplivata tudi na življenje posameznikov. Sebični ljudje ne poznajo resničnega zadovoljstva, saj vedno mislijo le nase in ne znajo ljubiti drugih.

Ne veseliti se krivice in ne misliti hudega sta na las podobna pojma. 'Ne misliti hudega' pomeni, da smo povsem brez hudobije v našem srcu. 'Ne veseliti se krivice' pa pomeni, da preziramo sramotno vedenje oz. dejanja in v njih ne sodelujemo.

Predpostavimo, da zavidate premožnemu prijatelju in ga ne marate, ker se nenehno baha na račun svojega bogastva. Takrat pri sebi pomislite: 'Tako je bogat, kaj pa jaz? Ko bi le bankrotiral.' To je primer hudobnega razmišljanja. A nato nekoč nekdo oslepari tega vašega prijatelja in njegovo podjetje bankrotira. Če ste v takšnem primeru veseli in razmišljate - 'Prav mu je. Kaj pa se je bahal!' - to pomeni, da se veselite krivice.

Splošna krivica je tista, katero celo neverniki smatrajo za krivičnost. Na primer, nekateri ljudje se dokopljejo do bogastva na nepošten način z goljufanjem ali grožnjami z nasiljem. Nekdo lahko krši državne uredbe ali predpise in sprejme neko stvar v zameno za osebno korist. Če sodnik izreče krivično sodbo zaradi podkupnine in kaznuje nedolžnega človeka, to vsi ljudje smatrajo za krivico, saj je sodnik zlorabil svojo avtoriteto.

Včasih ljudje pri prodaji izdelkov goljufajo pri količini ali kakovosti. Nekdo lahko uporabi cenene surovine nizke kakovosti in pridobi neupravičen dobiček. Tak človek ne pomisli na druge, ampak le na svojo kratkoročno korist. Globoko v sebi se zaveda, kaj je prav, a nima zadržka pred goljufanjem, saj se veseli krivičnega denarja. Na svetu je ogromno ljudi, ki sleparijo za krivičen dobiček. Kaj pa mi sami? Ali lahko rečemo, da smo čisti?

Predstavljajmo si naslednji dogodek. Kot javnemu uslužbencu vam pade na uho, da eden vaših tesnih prijateljev služi denar na nezakonit način. Če ga zalotijo, mu grozi velika kazen, zato vam ta prijatelj plača veliko vsoto denarja za vaš molk in vam obljubi še več denarja v prihodnosti, ki vam pride še kako prav, saj se vaša družina sooča z veliko stisko. Kako bi ravnali v tem primeru?

Predstavljajmo si še en drug primer. Nekega dne preverite vaše bančno stanje in ugotovite, da imate več denarja, kot bi ga morali imeti. Kasneje ugotovite, da vam niso obračunali davčnih obveznosti. Kaj bi naredili? Bi bili veseli, češ da ni vaša krivda niti odgovornost?

2 Kroniška 19:7 says, "Strah GOSPODOV naj bo v vas! Pazite, kako boste delali, kajti pri GOSPODU, našem Bogu, ni krivice ne pristranskosti ne sprejemanja podkupnine!" Bog je pravičen in v Njem ni nobene krivice. Ljudi še lahko preslepimo, a

Boga nikakor! Zatorej moramo v strahu do Boga korakati po pravi poti s poštenostjo.

Vzemimo primer Abrahama. Ko je njegov nečak postal vojni ujetnik v Sodomi, je Abraham osvobodil ne le svojega nečaka, temveč vse ujetnike in njihovo imetje. Kralj Sodome je želel v zahvalo Abrahamu podariti vso povrnjeno imetje, vendar Abraham tega ni sprejel.

Abram mu je odgovoril: "Prisegam GOSPODU, Bogu Najvišjemu, ki je ustvaril nebo in zemljo: Ne, niti vrvice ali jermena od sandale, prav ničesar od tega, kar je tvoje, ne bom vzel, da ne porečeš: 'Jaz sem storil, da je Abram bogat'" (Geneza 14:22-23).

Ko mu je umrla žena Sara, mu je lastnik zemljišča ponudil zemljo, kjer bi jo lahko pokopal. Abraham ni sprejel tega darila in je plačal pošteno ceno. To je storil zato, da v prihodnosti ne bi prišlo do kakšnega spora zaradi tega kosa zemlje. Abraham je tako ravnal, ker je bil pošten človek in ni želel prejeti nezaslužene oz. krivične koristi. Če bi mu šlo za denar, bi preprosto gledal samo na svoj dobiček.

Kdor ljubi Boga in je ljubljen od Boga, ne bo nikomur škodoval ali iskal lastne koristi s kršenjem zakona. Tak človek pričakuje samo toliko, kolikor si zasluži za pošteno delo. Po drugi strani pa ljudje, ki se veselijo v krivici, ne ljubijo Boga niti svojih sosedov.

Krivica v očeh Boga

Krivica v Gospodu se nekoliko razlikuje od krivice v splošnem pomenu, saj ne govorimo samo o kršenju zakona in škodovanju drugim, pač pa o vseh in vsakem grehu, ki nasprotuje Božji besedi. Ko hudobija izbruhne iz srca v kakršnikoli obliki, je to greh in hkrati krivica. Med vsemi grehi se za krivico smatrajo še posebej dela mesa.

Sovraštvo, zavist, ljubosumje in druge hudobije srca se realizirajo v dejanja, kot so prepiranje, nasilje, sleparjenja ali umor. Sveto pismo nas uči, da če smo krivični, bomo težko rešeni.

1 Korinčanom 6:9-10 pravi: "Ali ne veste, da krivični ne bodo deležni Božjega kraljestva? Ne dajte se zavesti! Ne nečistniki ne malikovalci ne prešuštniki ne moške vlačuge ne homoseksualci ne tatovi ne lakomniki ne pijanci ne obrekljivci ne roparji ne bodo dediči Božjega kraljestva."

Ahan je bil eden takšnih, ki so ljubili krivico, kar je privedlo do njegovega konca. Kot član druge generacije Izraelovih sinov, ki so prišli iz Egipta, je že v otroštvu videl in slišal za veliko čudežev, s katerimi je Bog blagoslovil njegovo ljudstvo. Videl je oblačni steber čez dan in ognjeni steber čez noč, ki sta jih vodila po poti. Videl je, kako so se vode reke Jordan, ki so pritekale od zgoraj, ustavile in stale kakor nasip. Videl je padec nepremagljivega mesta Jerihe. Dobro se je tudi zavedal ukaza voditelja Jozueta, da nihče ne sme ničesar odtujiti iz mesta Jeriho, saj je bila vsa lastnina namenjena kot daritev za Boga.

Toda v trenutku, ko je zagledal bogastvo v mestu Jeriho, je v svojem pohlepu izgubil ves razum. Dolgo časa je namreč vodil siromašno življenje v puščavi, zato so bile stvari v mestu videti neobvladljivo čudovite. Ko je videl prekrasen plašč, kose zlata in srebra, je v trenutku pozabil na Božjo besedo in Jozuetov ukaz ter jih vzel zase.

Zaradi tega greha, ko je Ahan prekršil Božjo zapoved, je Izrael utrpel številne žrtve v naslednji bitki. Skozi poraze v bitkah je bila tako razkrita Ahanova krivičnost, za kar je bil skupaj s svojo družino kamnan do smrti. Nad njim so postavili velik kup kamenja - kot pričo greha in njegovega kaznovanja - in ta kraj se danes imenuje dolina Ahor.

Oglejmo si tudi 22-24 poglavje Numerov. Bileam je bil možakar, ki je lahko komuniciral z Bogom. Nekega dne mu je moabski kralj Balak naročil prekleti Izraelovo ljudstvo. Takrat je Bog rekel Bileamu: "Ne hôdi z njimi! Ne preklinjaj ljudstva, kajti blagoslovljeno je!" (Numeri 22:12).

Na Božjo besedo je Bileam sprva zavrnil moabskega kralja, a ko mu je ta poslal zlato, srebro in druge zaklade, ga je to zaslepilo in je pomagal zvabiti Izraelce v past. Kakšen je bil rezultat? Izraelovi sinovi so jedli hrano, ki je bila darovana malikom, in prešuštvovali s poganskimi lepoticami, s čimer so si nakopali veliko stisko, Bilaem pa je naposled končal pod mečem. Vse to je bil rezultat hlepenja po krivični pridobitvi.

Krivica je neposredno povezana z odrešenjem v očeh Boga. Kaj se od nas pričakuje, ko smo priča krivičnim dejanjem naših bratov in sester v veri? Seveda moramo zanje žalovati, moliti in jim pomagati živeti v skladu z Božjo besedo. Toda nekateri verniki zavidajo tem ljudem, misleč: 'Tudi sam si želim živeti lažje in udobnejše krščansko življenje, podobno kot živijo oni.' Če se jim tako pridružite, nikakor ne moremo reči, da ljubite Gospoda.

Jezus je nedolžen umrl, da bi pripeljal nas, ki smo krivični, k Bogu (1 Peter 3:18). Ko enkrat dojamemo to veliko ljubezen Gospoda, se ne smemo nikoli več veseliti v krivici. Kdor se ne veseli v krivici, se ne le izogiba krivičnim dejanjem, temveč hkrati živi po Božji besedi. Samo na ta način lahko človek postane Gospodov prijatelj in vodi uspešno življenje (Janez 15:14).

11. Ljubezen se veseli resnice

Janez, eden od dvanajstih Jezusovih učencev, je bil rešen mučeniške smrti in je dočakal visoko starost, pri čemer je vse življenje oznanjal evangelij Jezusa Kristusa in Božjo voljo. V svojih zadnjih letih življenja je z veseljem spremljal in poslušal vernike, ki so se trudili živeti po Božji besedi oz. resnici.

Dejal je: "Zelo sem se razveselil bratov, ki so prišli in pričevali za tvojo resnico, kako živiš v resnici. Nimam večjega veselja, kakor je to, da slišim, kako moji otroci živijo v resnici" (3 Janez 1:3-4). Te besede jasno pričajo o njegovem velikem veselju. V mladih letih je vzkipel, če ga je nekdo poklical po nazivu sin groma, a kasneje se je močno spremenil in si pridobil naziv apostol ljubezni.

Če ljubimo Boga, se ne bomo predajali krivici, temveč bomo sledili izključno samo resnici. Veselili se bomo resnice. Resnica se nanaša na Jezusa Kristusa, evangelij in 66 knjig Svetega pisma. Kdor ljubi Boga in je ljubljen od Njega, se bo zagotovo veselil z Jezusom Kristusom in evangelijem. Veselila ga bo vsaka razširitev Božjega kraljestva. Toda, kaj sploh pomeni veseliti se resnice?

Prvič - veseliti se resnice pomeni veseliti se 'evangelija'

'Evangelij' je vesela novica o tem, kako smo rešeni po Jezusu Kristusu in gremo v nebeško kraljestvu. Mnogi ljudje iščejo resnico z vprašanji kot so: 'Kaj je smisel življenja? Kaj je dragoceno življenje?' Da bi se dokopali do odgovorov, preučujejo različne poglede in filozofijo, oziroma poskušajo poiskati odgovore v različnih religijah. Toda resnica je Jezus Kristus, in nihče ne bo odšel v nebesa brez Jezusa Kristusa. Zato je Jezus rekel: "Jaz sem pot, resnica in življenje. Nihče ne pride k Očetu drugače kot po Meni" (Janez 14:6).

Ko smo sprejeli Jezusa Kristusa, smo prejeli odrešenje in pridobili večno življenje. Po Gospodovi krvi so nam odpuščeni grehi in preusmerjeni smo na naši poti iz pekla v nebesa. Takrat tudi dojamemo smisel življenja in živimo dragoceno življenje. In potem je nekaj povsem naravnega, da se veselimo evangelija. Kdor se veseli evangelija, bo le-tega marljivo oznanjal drugim ljudem in tako izpolnjeval svoje od Boga dane dolžnosti. Tak človek se veseli, kadar duše slišijo evangelij in prejmejo odrešenje, ko sprejmejo Gospoda. S tem namreč prihaja do širitve Božjega kraljestva. "[Bog] hoče, da bi se vsi ljudje rešili in prišli do spoznanja resnice" (1 Timoteju 2:4).

Obstajajo pa tudi verniki, ki zavidajo drugim, ko ti evangelizirajo veliko ljudi in žanjejo obilne sadove. Nekatere cerkve zavidajo drugim cerkvam, ki hitro rastejo in poveličujejo Boga. To ni razveseljevanje v resnici. Če v srcu gojimo duhovno ljubezen, bomo veseli vpričo širjenja Božjega kraljestva. Skupaj se bomo veselili ob pogledu na cerkev, ki raste in je ljubljena od Boga. To pomeni veseliti se resnice oziroma veseliti se evangelija.

Drugič - veseliti se resnice pomeni veseliti se vsega, kar je del resnice

Gre za razveseljevanje skozi opazovanje, poslušanje in početje stvari, ki pripadajo resnici, kot so denimo dobrota, ljubezen in pravica. Ljudje, ki se veselijo resnice, so ganjeni in jočejo, kadar slišijo že za najmanjša dobra dela. Pri sebi priznavajo, da je Božja beseda resnica in je slajša od medu iz satja. Zato z veseljem poslušajo pridige, prebirajo Sveto pismo in izpolnjujejo Božjo besedo. Z veseljem so poslušni Božji besedi, ki nam narekuje 'služiti, razumeti in odpuščati' celo tistim, ki jim grenijo življenje.

David je ljubil Boga in je želel postaviti Božji tempelj. Toda Bog mu tega ni dovolil in razlog za to najdemo v Prvi kroniški knjigi 28:3. "Ti ne boš zidal hiše Mojemu imenu, ker si vojščak in si prelival kri." Prelivanje krvi je bilo za Davida neizbežno, saj je sodeloval v številnih vojnah, zato v Božjih očeh ni bil primeren človek za to nalogo.

David tako ni smel sam zgraditi templja, je pa pripravil gradbeni material, da bi to nalogo lahko opravil njegov sin Salomon. David je vložil veliko truda v zbiranje materiala in je v tem črpal neizmerno srečo. "Ljudstvo se je veselilo njihovih prostovoljnih darov, ker so s celim srcem prostovoljno darovali GOSPODU. Tudi kralj David se je zelo veselil." (1 Kroniška 29:9).

Kdor se veseli resnice, bo vesel, ko gre drugim ljudem dobro. Nikoli ne bo nikomur zavidal. Pravzaprav bo zanj nepredstavljivo, da bi s hudobijo razmišljal: 'tej osebi se mora zgodit nekaj slabega,' ali da bi črpal zadovoljstvo ob nesreči drugih ljudi. Če pa že vidi kaj nepravičnega, ga bo zajela velika žalost. Kdor se veseli resnice, zna ljubiti z dobroto, neomajnim srcem, iskrenostjo in integriteto. Zna se veseliti dobrih besed in dobrih dejanj. In skupaj z njim se bo veselil z vriskanjem tudi Bog, kot piše v Sofoniji 3:17: "GOSPOD, tvoj Bog, je v tvoji sredi, tvoj močni rešitelj. Veselí se nad teboj v radosti, nemí v Svoji ljubezni, vriska nad teboj v prepevanju."

Četudi se ne morete ves čas veseliti resnice, pa zato še ne rabite izgubiti sočutja ali biti razočarani. Če se potrudite po najboljših močeh, bo ljubeči Bog upošteval to vaše prizadevanje kot 'razveseljevanje v resnici'.

Tretjič - veseliti se resnice pomeni verovati v Božjo besedo in jo izpolnjevati

Redko najdemo osebo, ki se od samega začetka veseliti izključno v resnici. Namreč, dokler v sebi nosimo temo in neresnico, bomo kaj hitro pomislili na hudobne reči oziroma se bomo veselili krivice. Ko pa se malo po malo spreobrnemo in odpravimo neresnično srce, takrat se lahko v celoti veselimo resnice. Do takrat pa moramo marljivo garati in se truditi.

Nekateri ljudje se na primer neradi udeležujejo bogoslužja. Novi verniki in tisti s šibko vero se pogosto utrujeni oziroma njihovo srce ni na pravem mestu. Morda se bodo spraševali o rezultatu nogometnih tekem, ali pa so nervozni zaradi poslovnega srečanja, ki jih čaka naslednji dan.

Ampak ko obiščemo svetišče in se udeležimo bogoslužja, to predstavlja prizadevanje, da bi izpolnili Božjo besedo. Na ta način se veselimo resnice. Zakaj to počnemo? Da bi prejeli odrešenje in odšli v nebesa. Slišali smo namreč Besedo resnice in verujemo v Boga, zato tudi verjamemo v veliko sodbo ter v obstoj nebes in pekla. Zavedamo se, da nas v nebesih čakajo različne nagrade, zato si marljivo prizadevamo doseči posvečenost in smo zvesti v vsej Božji hiši. In četudi se ne veselimo resnice s 100 % prizadevnostjo, če se trudimo po najboljših močeh glede na našo mero vere, se s tem veselimo resnice.

Lakota in žeja po resnici

Razveseljevanje v resnici mora biti za nas nekaj povsem naravnega, kajti samo z resnico se lahko spreobrnemo in pridobimo večno življenje. Ko slišimo resnico oziroma evangelij in jo izpolnjujemo, bomo pridobili večno življenje in postali pravi Božji otroci. Polni bomo duhovne ljubezni in upanja po nebeškem kraljestvu, zato bo naš obraz kar žarel od radosti. Poleg tega bomo srečni do te mere, do katere smo se spreobrnili v resnico, saj bomo ljubljeni in blagoslovljeni od Boga ter oboževani s strani ljudi.

Resnice se moramo ves čas veseliti ter hkrati čutiti lakoto in žejo po njej. Kadar ste lačni in žejni, si iskreno želite hrane in pijače. In kadar hrepenimo po resnici, moramo pri tem biti iskreni, da se bomo lahko hitro spreobrnili v osebo resnice. V življenju moramo nenehno jesti in piti resnico. Toda kaj pomeni jesti in piti resnico? To pomeni ohranjati Božjo besedo oziroma resnico v našem srcu in jo izpolnjevati.

Kadar smo z ljubljeno osebo, težko skrijemo srečo na našem obrazu. Enako velja za ljubezen do Boga. Trenutno ne moremo stati pred Bogom iz oči v oči, a vendar če resnično ljubimo Boga, bo to razvidno navzven. In sicer, ko bomo videli ali slišali karkoli o resnici, bomo izredno srečni in ljudje okrog nas bodo nemudoma opazili to srečo na našem obrazu. Jokali bomo iz hvaležnosti, ko bomo samo pomislili na Boga in Gospoda, in naša srca bodo ganjena nad vsakim najmanjšim dobrim dejanjem.

Solze, ki prihajajo iz dobrote, kot so solze hvaležnosti in solze žalovanja za druge duše, bodo kasneje postale čudoviti dragulji, ki bodo krasili posamezne domove v nebesih. Zato se skupaj veselimo resnice, da bodo naša življenja polna dokazov, da smo ljubljeni od Boga.

Značilnosti duhovne ljubezni II	6. Duhovna ljubezen ni brezobzirna
	7. Duhovna ljubezen ne išče svojega
	8. Duhovna ljubezen se ne napihuje
	9. Duhovna ljubezen ne misli hudega
	10. Duhovna ljubezen se ne veseli krivice
	11. Duhovna ljubezen se veseli resnice

12. Ljubezen vse prenaša

Ko sprejmemo Jezusa Kristusa in se trudimo živeti po Božji besedi, moramo prenašati veliko stvari, kot so denimo provokacije. Potrebujemo tudi samokontrolo nad nagnjenjem po sledenju lastnih poželenj. Prav zato je kot prva značilnost ljubezni navedena potrpežljivost.

Potrpežljivost ponazarja nek notranji boj, s katerim si človek prizadeva izkoreniniti neresnice iz srca. 'Prenašati vse stvari' ima širok pomen. Ko enkrat skozi potrpežljivost obrodimo resnico v našem srcu, moramo prenašati vso bolečino, ki nam jo povzročajo drugi ljudje. Še posebej moramo prenašati stvari, ki niso v skladu z duhovno ljubeznijo.

Jezus je prišel na to zemljo, da bi rešil grešnike, in kako so ga ljudje obravnavali? Delal je samo dobra dela, a vendar so Ga ljudje zaničevali, zapostavljali in prezirali. Naposled so Ga križali. Toda Jezus je vse to prenašal in neprekinjeno molil zanje. Molil je zanje z besedami: "Oče, odpústi jim, saj ne vedo, kaj delajo" (Luka 23:34).

Kaj je bil rezultat Jezusovega prenašanja vsega hudega in Njegove ljubezni do ljudi? Vsak, ki danes sprejme Jezusa Kristusa kot svojega osebnega Odrešenika, lahko prejme odrešenje in postane Božji otrok. Tako smo bili ljudje rešeni smrti in postavljeni pred večno življenje.

Korejski pregovor pravi: "Skrajno nabrušena sekira postane

šivanka." Povedano drugače, s potrpežljivostjo in vztrajnostjo lahko opravimo še najzahtevnejšo nalogo. Ampak koliko časa in truda bi potrebovali, da bi iz jeklene sekire z brušenjem izdelali eno ostro šivanko? Sliši se kot nemogoča naloga in gotovo se boste vprašali: "Zakaj ne bi preprosto prodal sekire in kupil kup šivank?"

Toda Bog je prostovoljno sprejel tolikšno garanje, kajti On je gospodar našega duha. Bog je počasen v jezi in vedno potrpežljiv z nami, pri čemer nam izkazuje milost in ljubečo dobroto preprosto zato, ker nas ljubi. Bog obrezuje in lošči ljudi, četudi so njihova srca otrdela kot jeklo. Tako čaka na vsakogar, da bi postal Njegov pravi otrok, pa čeprav se zdi, da posameznik nima nobene možnosti za to.

Nalomljenega trsta ne bo zlomil in tlečega stenja ne ugasil, dokler ne privede sodbe do zmage (Matej 12:20).

Bog še danes prenaša vso bolečino, ki mu jo zadajajo človekova dejanja, in čaka na nas z radostjo. Četudi se že več tisoč let predajajo hudobiji, je potrpežljiv z ljudmi in čaka, da se spreobrnejo z dobroto. Obrnili so Mu hrbet in služili malikom, a Bog je kljub temu ostajal potrpežljiv z njimi v veri in jim dal vedeti, da je resničen Bog. Koliko ljudi bo rešenih, če Bog reče: "Polni ste krivice in nebogljeni. Ne morem vas več prenašati."?

Jeremija 31:3 pravi: "Z večno ljubeznijo te ljubim, zato ti tako dolgo izkazujem dobroto." Bog nas vodi z večno, neskončno ljubeznijo.

Kot pastor velike cerkve sem do neke mere uspel spoznati to potrpežljivost Boga. Srečal sem ljudi z veliko slabostmi in pomanjkljivostmi, a ker sem čutil to Božje srce, sem nanje vedno gledal z verovanjem, da se bodo nekoč spreobrnili in poveličali Boga. Vedno znova sem bil potrpežljiv z njimi in veroval vanje, zato je veliko članov cerkve zraslo v velike voditelje.

Vsakič sem hitro pozabil vso bolečino, ki sem jo prenašal zanje, in danes na to gledam kot na bežne trenutke. Razumel sem besede iz Drugega Petrovega pisma 3:8, ki pravi: "Tega, ljubi, ne smete prezreti: pred Gospodom je en dan kakor tisoč let in tisoč let kakor en dan." Bog prenaša prav vse in te težke čase smatra kot zgolj bežen trenutek. Zato je pomembno, da dojamemo to Božjo ljubezen in tudi mi ljubimo vse ljudi okrog nas.

13. Ljubezen vse veruje

Ko nekoga resnično ljubite, boste verjeli vsaki njegovi besedi. Tudi če ima ta oseba pomanjkljivosti, ji boste še vedno želeli zaupati. Moža in ženo povezuje njuna medsebojna ljubezen. Kajti če poročeni par ne deli ljubezni, med njima ni zaupanja in posledično prihaja do prepirov zaradi vsake najmanjše stvari in pogosto dvomita drug v drugega. V resnih primerih si začneta očitati nezvestobo, kar lahko povzroči veliko fizično in duševno škodo. Če se resnično ljubita, si tudi v celoti zaupata in sta drug za drugega prepričana, da je partner dobra oseba in bo vedno ravnal pravično. Na ta način dejansko naposled oba postaneta uspešna na svojih področjih oziroma pri ciljih.

Zaupanje in zvestoba sta lahko standard za merjenje trdnosti ljubezni. Potemtakem verovati Bogu pomeni ljubiti Boga. Oče vere Abraham je bil imenovan za Božjega prijatelja. Brez vsakega oklevanja je ubogal na zapoved od Boga, ko mu je Ta naročil žrtvovati edinega sina Izaka kot žgalno daritev. Tega je bil sposoben, ker je v celoti veroval Bogu. Bog je videl to njegovo vero in priznaval njegovo ljubezen.

Ljubezen pomeni verovati. Kdor v celoti ljubi Boga, bo brezpogojno veroval Vanj. Veroval bo sleherni Božji besedi. In ker v vse veruje, lahko tudi vse prenaša. Za prenašanje vsega, kar nasprotuje ljubezni, moramo verovati. Namreč, samo kadar verujemo vsem Božjim besedam, lahko upamo na uslišanje in dosežemo obrezo našega srca, da bi odpravili vse, kar nasprotuje ljubezni.

Seveda, v strožjem pomenu ne verujemo Bogu iz naše ljubezni do Njega že od samega začetka. Bog je najprej ljubil nas in ko smo sprejeli to dejstvo, smo naposled vzljubili Boga. In kako je Bog ljubil nas? Plemenito je dal Svojega edinega Sina za nas, ki smo bili grešniki, da bi odprl pot za naše odrešenje.

V začetku smo vzljubili Boga, ker smo sprejeli to dejstvo, in če naposled vzgojimo duhovno ljubezen, bomo dosegli stopnjo popolne vere v ljubezni. Popolna duhovna ljubezen pomeni, da smo izkoreninili vse neresnice iz našega srca. In ko nimamo neresnic v srcu, nam bo dana duhovna ljubezen od zgoraj, s katero bomo lahko verovali z globine našega srca. Takrat ne bomo nikoli dvomili v Božjo besedo in naše zaupanje v Boga bo neomajno. Poleg tega, če vzgojimo popolno duhovno ljubezen, bomo verovali vsem ljudem, ne ker bi bili vredni zaupanja, ampak bomo preprosto gledali nanje z verovanjem v očeh, četudi imajo kup slabosti in pomanjkljivosti.

Znati moramo verovati vsakemu človeku, hkrati pa moramo verovati tudi vase. Četudi imamo veliko pomanjkljivosti, moramo verovati v Boga, ki nas bo spreobrnil, in gledati moramo nase z očmi verovanja, da se bomo kmalu spreobrnili. Sveti Duh nas vedno spodbuja v našem srcu z besedami: "Uspelo ti bo. Pomagal ti bom." Če verjamete v to ljubezen in izpovedujete "lahko mi uspe, lahko se spreobrnem," bo Bog vse izpolnil v skladu z vašo izpovedjo in vero. Kako čudovito je verovati!

Bog prav tako veruje v nas. Veroval je, da bo vsak od nas spoznal Njegovo ljubezen in stopil na pot odrešenja. Na vse nas je gledal z očmi vere, zato je tudi žrtvoval Svojega edinega Sina Jezusa na križu. Bog tudi veruje, da bodo rešeni in stopili na Božjo stran celo tisti, ki danes ne poznajo oz. ne verujejo v Gospoda. Prav tako je prepričan, da kdor je že sprejel Gospoda, bo spremenjen v otroka z veliko bogopodobnostjo. Zato tudi mi verujmo vsakemu človeku s tovrstno ljubeznijo.

14. Ljubezen vse upa

Na enem od nagrobnikov londonske Westminstrske opatije menda najdemo zapisane naslednje besede: "V mladosti sem želel spremeniti svet, a nisem zmogel. V srednjih letih sem želel spremeniti svojo družino, a nisem zmogel. Šele pred smrtjo sem končno dojel, da bi lahko vse to dosegel, če bi se le sam spremenil." Ljudje običajno želijo spremeniti druge, kadar jim nekaj na njih ni všeč. A vendar je praktično nemogoče spremeniti drugi ljudi. Nekateri poročeni pari se prepirajo okoli povsem trivialnih stvari, kot je denimo stiskanje zobne paste pri vrhu oziroma pri dnu. Najprej se moramo spremeniti sami, šele nato lahko poskusimo spremeniti druge. Z ljubeznijo in iskrenim upanjem lahko potem čakamo na njihovo spreobrnitev.

Upati na vse pomeni hrepeneti in čakati na uresničitev vsega, v kar verujete. In sicer, če ljubimo Boga, bomo verovali slehemi Božji besedi in upali, da bi se vse uresničilo v skladu z Njegovo besedo. Z upanjem pričakujemo čase, ko bomo delili ljubezen z Bogom Očetom za vse veke v čudovitem nebeškem kraljestvu. Zato tudi v veri prenašamo vse bolečine. Kaj pa, če ne bi imeli upanja?

Ljudje, ki ne verujejo v Boga, ne morejo imeti upanja po nebeškem kraljestvu. Zato preprosto živijo po svojih poželenjih, saj nimajo nobenega upanja za prihodnost. Prizadevajo si nagrabiti kar največ imetja, a jim ne uspeva zadovoljiti njihovega pohlepa. Toda ne glede na vse materialne dobrine in užitke, pa nikakor ne morejo pridobiti pristnega zadovoljstva. Tako vsak dan v strahu zrejo na prihodnost.

Po drugi strani pa tisti, ki verujejo v Boga, upajo na vse in zato uberejo ozko pot. In kaj predstavlja ta ozka pot? Dejansko to pomeni, da je njihova življenjska pot ozka v očeh nevernikov. Ko sprejmemo Jezusa Kristusa in postanemo Božji otroci, vse nedelje preživimo v cerkvi pri bogoslužju, ne da bi se predajali kakršnimkoli sekularnim oblikam zabave. S prostovoljnim delom garamo za Božje kraljestvo in molimo, da bi živeli po Božji besedi. Takšne stvari je težko izpolnjevati brez vere in prav zato pravimo, da hodimo po ozki poti.

V 1 Korinčanom 15:19 apostol Pavel pravi: "Če samo zaradi tega življenja zaupamo v Kristusa, smo od vseh ljudi najbolj pomilovanja vredni." V mesenem pogledu se življenje odrekanja in garanja zdi izredno obremenjujoče. Vendar če upamo na vse, je takšna pot srečnejša od katerekoli druge poti. Če smo obkroženi z našimi ljubljenimi, bomo srečni tudi v razpadajoči hiši. Neskončno srečni bomo že ob sami misli na večno življenje z Gospodom v nebesih. Na ta način z iskreno ljubeznijo neomajno čakamo in ohranjamo upanje, dokler se ne uresniči vse, v kar verujemo.

Veseliti se vsega z vero je izredno učinkovito. Vzemimo primer, ko eden vaših otrok zaide na kriva pota in se preneha truditi v šoli. Če boste verjeli vanj, ga spodbujali in nanj gledali z očmi upanja, se bo lahko kmalu spremenil v pridnega otroka. Zaupanje staršev v otroka bo spodbudilo izboljšanje in samozavest otroka. Samozavestni otroci imajo zaupanje, da lahko dosežejo prav vse, da lahko premagajo vse težave, in takšen odnos dejansko vpliva na njihovo akademsko uspešnost.

Enako velja, kadar skrbimo za druge duše v cerkvi. Za nikogar ne smemo prehitro sklepati. Ljudem ne smemo jemati poguma, misleč: 'Ta osebo se bo zelo težko spremenila,' ali 'prav nič se ni spremenila.' Na vsakogar moramo gledati z očmi upanja, da se bo kmalu spremenil s pomočjo Božje ljubezni. Neprenehoma moramo moliti zanje in jih spodbujati z besedami: "Zmoreš to. Uspelo ti bo!"

15. Ljubezen vse prestane

1 Korinčanom 13:7 pravi: "[Ljubezen] vse prenaša, vse veruje, vse upa, vse prestane." Če ljubite, lahko prestajate prav vse. Toda, kaj sploh pomeni izraz 'prestajati'? Kadar prestajamo stvari, ki niso v skladu z ljubeznijo, bomo utrpeli določene posledice. Veter na jezeru ali morju povzroča valove, in tudi ko se veter umiri, je še naprej prisotno rahlo valovanje. Četudi prenašamo vse stvari, še ne bo konec, ko enkrat vse prestanemo, ampak bodo ostale določene posledice oz. stranski učinki.

Na primer, v Mateju 5:39 Jezus pravi: "Ne upirajte se hudobnežu, ampak če te kdo udari po desnem licu, mu nastavi še levo." Kot piše, tudi če vas nekdo udari po desnem licu, se ne smete maščevati, pač pa morate prenašati. In takrat bo vsega konec? Ostale nam bodo posledice v obliki bolečine. Bolelo vas bo lice, vendar to ni nič v primerjavi z bolečino srca. No, ljudje smo seveda različni in nekatere bo dejansko zabolelo v srcu, ker so prejeli udarec brez razloga in bodo posledično besni. Drugi bodo čutili bolečino v srcu iz obžalovanja, ker so razjezili drugo osebo. Spet drugim bo žal ob pogledu na brata, ki ne zna brzdati jeze in se odzove na fizičen način, namesto na bolj konstruktiven in primeren način.

Posledice prenašanja nečesa se lahko izrazijo tudi v obliki zunanjih okoliščin. Na primer, ko vas nekdo udari po desnem licu in mu po Božji besedi nastavite še levo, nakar vas udari še po levem. Vse skupaj ste prenašali zavoljo Božje besede, a se je situacija stopnjevala in ste končali na slabšem.

Tako je bilo v primeru Daniela, ki je ostajal neomajen, čeprav je vedel, da bo vržen v levjo jamo. Ljubil je Boga, zato preprosto ni prenehal moliti niti v življenjsko nevarnih okoliščinah. Prav tako se ni s hudobijo zoperstavil ljudem, ki so ga skušali ubiti. Toda, ali so se stvari zanj spremenile na bolje, ko je vse tako prenašal v skladu z Božjo besedo? Ne. Vrgli so ga v levjo jamo!

Morda si domišljamo, da se bodo preizkušnje umaknile, če bomo prenašali vse, kar je v nasprotju z ljubeznijo. Kaj je pravzaprav sploh razlog za nadaljnje preizkušnje? Gre za previdnost Boga, da bi nas izpopolnil in nas nagradil z bogatimi blagoslovi. Polja obrodijo zdravo in bogato letino, potem ko so prenašala dež, veter in žgoče sonce. In tudi Božja previdnost narekuje, da skozi preizkušnje izstopimo kot pravi Božji otroci.

Preizkušnje so blagoslovi

Sovražnik hudič in Satan moti življenja Božjih otrok, ko si ti prizadevajo bivati v Luči. Satan vselej poskuša najti morebitne podlage, da bi obtožil ljudi, in če ti pokažejo že najmanjšo nečistost, jih Satan nemudoma obtoži. En tak primer je, ko je nekdo hudoben do vas in vi to navzven prenašate, znotraj sebe pa vendarle kujete zamere. Sovražnik hudič in Satan se tega zaveda in vas bo obtožil teh čustev. In takrat mora Bog dovoliti preizkušnje glede na to obtožbo. Dokler nam ne bo priznano, da smo povsem brez hudobije v našem srcu, se bomo soočali s tako imenovanimi 'izpopolnjevalnimi preizkušnjami'. Seveda pa lahko naletimo na preizkušnje tudi potem, ko smo že odpravili vse grehe in dosegli popolno posvečenost. Tovrstne preizkušnje so omogočene z namenom, da bi pridobili obilnejše blagoslove. Skozi ta proces ne bomo preprosto ostali na točki brez hudobije, temveč bomo vzgojili še več ljubezni in popolnejšo dobroto, brez vsakega madeža ali nečistoč.

In ne gre le za osebne blagoslove. Enaka načela veljajo, ko si prizadevamo služiti Božjemu kraljestvu. Da bi Bog pokazal velika dela, moramo izpolniti določeno mero na tehtnici pravice. Skozi veliko vero in dela ljubezni moramo dokazati, da imamo primerno posodo za prejetje odgovora, tako da sovražnik hudič temu ne bo mogel oporekati.

Tako Bog včasih dovoli preizkušnje za nas. Če jih prenašamo samo z dobroto in ljubeznijo, nas Bog bogato nagradi in nam omogoči, da Ga močno proslavimo z veliko zmago. Še posebej, če premagujemo preganjanja in trpljenje v imenu Gospoda, takrat bomo zagotovo bogato blagoslovljeni. "Blagor vam, kadar vas bodo zaradi Mene zasramovali, preganjali in vse húdo o vas lažnivo govorili. Veselite in radujte se, kajti vaše plačilo v nebesih je veliko. Tako so namreč preganjali že preroke, ki so bili pred vami" (Matej 5:11-12).

Ko prenašamo, verujemo, upamo in prestajamo vse stvari

V kolikor vse prenašamo in na vse upamo z ljubeznijo, lahko premagamo vsako preizkušnjo. Toda, kako moramo vse verovati, upati in prestajati?

Prvič — vse do konca, tudi med preizkušnjami, moramo verovati v Božjo ljubezen.

1 Peter 1:7 pravi: "... da bo preizkušenost vaše vere veljala več kakor zlato, ki je minljivo, pa se v ognju preizkuša, vam v hvalo, slavo in čast, ko se bo razodel Jezus Kristus." Bog nas prečiščuje, da bi pridobili kvalifikacije za uživanje slave, hvale in časti, ko se naša življenja na tej zemlji enkrat končajo.

Prav tako, če v celoti živimo po Božji besedi in ne sklepamo kompromisov s svetom, bomo občasno morda neupravičeno trpeli. Toda vsakič moramo verovati, da smo deležni posebne Božje ljubezni. Tako bomo, namesto da bi nam vzelo voljo, v hvaležnosti razumeli, da nas Bog vodi v veličastnejše bivališče v nebesih. Pomembno pa je, da vse do konca verujemo v Božjo ljubezen, medtem ko se srečujemo z bolečino in preizkušnjami vere.

Če je bolečina nevzdržna in dolgotrajna, bomo morda pomislili: "Zakaj mi Bog ne priskoči na pomoč? Ali me več ne ljubi?" V takšnih trenutkih se moramo še jasneje spomniti Božje ljubezni in stanovitno prestajati preizkušnje. Verjeti moramo, da nas Bog Oče želi v Svoji ljubezni popeljati v veličastnejše nebeško bivališče. Če bomo vse prestajali do konca, bomo naposled postali popolni Božji otroci. "Za stanovitnost pa naj bo značilno popolno delo, da boste popolni in celoviti in vam ne bo ničesar manjkalo" (Jakob 1:4).

Drugič — da bi vse prestajali, moramo verjeti, da so preizkušnje bližnjica do uresničitve naših sanj.

Rimljanom 5:3-4 pravi: "Pa ne samo to, ampak se celo ponašamo s stiskami, saj vemo, da stiska rodi potrpljenje, potrpljenje preizkušenost, preizkušenost upanje." Stiska je tukaj mišljena kot nekakšna bližnjica do uresničitve naših sanj. Morda se boste vprašali: "Kdaj in kako se lahko spremenim?" Toda če prestajate stisko in se znova in znova spreminjate, boste malo po malo kmalu postali pravi in popolni Božji otrok, na las podoben Njemu.

Potemtakem, ko ste soočeni s preizkušnjo, je ne smete zaobiti, ampak jo poskušajte premagati. Seveda zakon narave in človekovo naravno nagnjenje težita po tem, da bi ubrali lažjo pot, toda če se izmikamo preizkušnjam, bo naše potovanje še toliko daljše. Vzemimo primer, ko vam nekdo nenehno povzroča preglavice. Čeprav tega ne pokažete navzven, vas vselej prevzame nemir, ko srečate tega človeka. Zato se ga preprosto izogibate. V tem primeru ne smete ignorirati situacije, pač pa jo morate aktivno razrešiti. Prestajati morate nelagodje, ki ga čutite ob tem človeku, dokler ne obrodite srca, ko ga boste resnično razumeli in mu odpustili. Tedaj vam bo Bog dal milost in se boste spremenili. Sleherna preizkušnja bo tako postala vmesna stopnička in bližnjica na vaši poti do izpolnitve sanj.

Tretjič — da bi vse prestajali, moramo delati samo dobro.

Soočeni z določenimi posledicami, potem ko so vse prestajali v skladu z Božjo besedo, se ljudje običajno pritožijo pred Bogom z besedami: "Zakaj se situacija ni spremenila, čeprav sem sledil/a Božji besedi?" A treba je vedeti, da vse preizkušnje prinaša sovražnik hudič in Satan. Skušnjave in preizkušnje pravzaprav predstavljajo bitke med dobrim in zlim.

Da bi slavili v duhovni bitki, se moremo bojevati v skladu s pravili duhovnega sveta. In po postavi duhovnega sveta nazadnje vedno zmaga dobrota. Rimljanom 12:21 pravi: "Ne daj se premagati hudemu, temveč premagaj húdo z dobrim." Če smo dobri, bomo morda čutili, da nam gre slabo in smo pred porazom, a v resnici je situacija prav nasprotna. Pravični in dobri Bog namreč obvladuje vso srečo, nesrečo, življenje in smrt vsakega posameznika. Zatorej, ko se znajdemo pred skušnjavami, preizkušnjami in preganjanjem, moramo odgovarjati samo z dobroto.

Včasih so verniki preganjani s strani nevernih članov njihove družine. V takšnem primeru bo verna oseba pomislila: "Zakaj je moj mož tako hudoben? Zakaj je moja žena tako hudobna?"

Takrat bo preizkušnja postala še težja in daljša. Kako se z dobroto odzvati v takšni situaciji? Moliti morate z ljubeznijo in jim služiti v Gospodu. Postati morate luč, ki močno sveti nad vašo družino.

Če boste dobri do njih, bo Bog opravil Svoje delo ob pravem trenutku. Pregnal bo sovražnika hudiča in Satana ter hkrati ganil srce članov vaše družine. Ko tako ravnate z dobroto po Božjih pravilih, bodo vse težave kmalu odpravljene. Najmočnejše orožje v duhovni bitki namreč ni človekova modrost, ampak Božja dobrota. Zatorej vse prestajajmo samo v dobroti in opravljajmo dobra dela.

Ali poznate koga, s katerim težko shajate in ga prenašate? Nekateri ljudje delajo veliko napak, povzročajo škodo in preglavice drugim ljudem. Nekateri se veliko pritožujejo in se kujajo že zaradi najmanjših reči. Toda če gojite iskreno ljubezen, boste lahko prenašali vse ljudi. Ljubili boste druge kot ljubite sebe, tako kot nam je Jezus naročil ljubiti naše sosede kakor sami sebe (Matej 22:39).

Bog Oče nas prav tako razume in vse prestaja skupaj z nami. In dokler tudi sami ne vzgojite tovrstne ljubezni, bi morali živeti kakor ostriga. Ko se nek tujek, denimo pesek ali morska trava, zatakne v njeni lupini, se ostriga preoblikuje v čudovit biser. Na ta način, če vzgojimo duhovno ljubezen, bomo stopili skozi biserna vrata in odšli v Nove Jeruzalem, kjer se nahaja Božji prestol.

Samo predstavljajte si, kako stopate skozi biserna vrata in se spominjate vaše preteklosti na tej zemlji. Bog je Tisti, ki je oblikoval naša srca, da so čudovita kakor biser, zato boste takrat gotovo izpovedovali Očetu Bogu: "Hvala Ti, da si prenašal, veroval, upal in vse prestajal skupaj z menoj."

Značilnosti duhovne ljubezni III

12. Duhovna ljubezen vse prenaša

13. Duhovna ljubezen vse veruje

14. Duhovna ljubezen vse upa

15. Duhovna ljubezen vse prestane

Popolna ljubezen

"*Ljubezen nikoli ne mine. Preroštva bodo prenehala, jeziki bodo umolknili, spoznanje bo prešlo, kajti le delno spoznavamo in delno prerokujemo. Ko pa pride popolno, bo to, kar je delno, prenehalo. Ko sem bil otrok, sem govoril kakor otrok, mislil kakor otrok, sklepal kakor otrok. Ko pa sem postal mož, sem prenehal s tem, kar je otroškega. Zdaj gledamo z ogledalom, v uganki, takrat pa iz obličja v obličje. Zdaj spoznavam deloma, takrat pa bom spoznal, kakor sem bil spoznan. Za zdaj pa ostanejo vera, upanje, ljubezen, to troje. In največja od teh je ljubezen.*"

1 Korinčanom 13:8-13

Ko greste v nebesa, če bi lahko s seboj vzeli eno stvar, kaj bi izbrali? Zlato? Diamant? Denar? Vse te reči so povsem brez pomena v nebesih, kjer so že same ceste izdelane iz suhega zlata. Bog Oče je v nebeških bivališčih za nas pripravil nepredstavljivo čudovite in dragocene stvari. Bog namreč pozna naša srca in bo po Svojih najboljših močeh poskrbel za naše udobje. Obstaja pa ena stvar, ki jo lahko vzamemo s seboj iz te zemlje in bo izredno dragocena tudi v nebesih. To je ljubezen. Ljubezen, ki smo jo vzgojili v našem srcu, ko smo živeli na tem svetu.

Ljubezen je nepogrešljiva tudi v nebesih

Po koncu človeške vzgoje bomo odšli v nebeško kraljestvo in takrat bo vse na tej zemlji izginilo (Razodetje 21:1). Psalmi 103:15 pravijo: "Človek, kakor trava so njegovi dnevi, kakor cvetica na polju, tako cvete." Izginile bodo tudi vse neotipljive stvari, kot so bogastvo, slava in vpliv. Izginili bodo vsi grehi in tema, kot so sovraštvo, spori, zavist in ljubosumje.

Medtem pa 1 Korinčanom 13:8-10 pravi: "Ljubezen nikoli ne mine. Preroštva bodo prenehala, jeziki bodo umolknili, spoznanje bo prešlo, kajti le delno spoznavamo in delno prerokujemo. Ko pa pride popolno, bo to, kar je delno, prenehalo."

Zakaj bodo prenehali obstajati darovi preroštva, jezikov in spoznanje v Bogu, ki so duhovne stvari? Nebesa so popoln kraj v duhovnem svetu. V nebesih bomo osvojili zelo jasno spoznanje o vseh stvareh. Četudi na tej zemlji jasno komuniciramo z Bogom in prerokujemo, je to še vedno nekaj povsem drugega kot razumevanje vsega v nebeškem kraljestvu v prihodnosti. Takrat bomo jasno poznali tudi srce Boga Očeta in Gospoda, zato prerokbe sploh ne bodo več potrebne.

Enako velja za jezike. 'Jeziki' se tukaj nanaša na različne človeške jezike na tej zemlji, ki jih moramo osvojiti, če želimo komunicirati z drugače govorečimi ljudmi po svetu. Zaradi kulturnih razlik moramo vložiti veliko časa in truda, da bi lahko z njimi delili naša čustva in misli. In tudi če govorimo isti jezik, ne moremo v popolnosti razumeti srca in misli drugih ljudi. Četudi govorimo tekoče in dovršeno, je izredno težko izraziti svoje občutke in misli. Besede same namreč povzročajo nesporazume in spore. Besede so prav tako polne napak in pomanjkljivosti.

Toda če dosežemo nebesa, nam ne bo treba skrbeti o teh stvareh. V nebesih vsi govorijo le en jezik, zato ni nobene skrbi, da koga ne bi razumeli. Dobro srce se izraža kot takšno, zato ne prihaja do nobenih nesporazumov ali predsodkov.

Enako velja za spoznanje. 'Spoznanje' se tukaj nanaša na poznavanje Božje besede. V času življenja na tej zemlji marljivo spoznavamo Božjo besedo. Skozi 66 knjig Svetega pisma spoznamo, kako doseči odrešenje in večno življenje. Poučimo se o Božji volji, vendar le deloma oziroma le tisto, kar moramo storiti za odhod v nebesa.

Tako na primer slišimo, spoznamo in izpolnjujemo besede, kot so 'ljubite drug drugega', 'ne zavidajte, ne bodite ljubosumni', in tako naprej. Ampak v nebesih vlada samo ljubezen, zato tam ne potrebujemo tovrstnih spoznanj. Četudi gre za duhovne stvari, bodo na koncu vse izginile, vključno s prerokovanjem, različnimi jeziki in vsem spoznanjem. Te stvari so potrebne zgolj začasno na tem fizičnem svetu. Zatorej je pomembno poznati besedo resnice in nebesa, a še bolj pomembno je vzgojiti ljubezen. Do te mere, kot si bomo obrezali naše srce in vzgojili ljubezen, bomo odšli v toliko veličastnejše nebeško bivališče.

Ljubezen je večno dragocena

Samo spomnite se vaše prve ljubezni. Kako srečni ste bili? Kot radi pravimo, je ljubezen zaslepljujoča, zato kadar nekoga resnično ljubimo, v njem vidimo le dobre strani in vse na svetu se zdi čudovito. Sonce se zdi svetlejše kot kdajkoli, in morda bomo čutili dišave celo v čistem zraku. Nekateri laboratoriji celo poročajo, da so določeni predeli možganov, ki so zadolženi za negativne in kritične misli, manj aktivni pri zaljubljenih ljudeh. In enako kadar ste polni Božje ljubezni v vašem srcu, boste enostavno presrečni, tudi če ne boste uživali hrane. V nebesih bo tovrstno veselje trajalo večno.

Naše življenje na tej zemlji je kakor življenje majhnega otroka, v primerjavi z življenjem, ki nas čaka v nebesih. Dojenček, ki je šele začel govoriti, zna izgovoriti le kopico preprostih besed, kot so 'mama' in 'ata', ni pa sposoben izraziti nobenih podrobnosti. Otroci tudi ne razumejo zapletenih reči iz sveta odraslih oseb.

Otroci govorijo, dojemajo in razmišljajo v okvirih njihovega znanja in otroških sposobnosti. Ne razumejo denimo koncepta vrednosti denarja, zato če imajo pred seboj kovanec in bankovec, bodo izbrali kovanec. S kovanci so namreč v preteklosti že kupili bonbone ali sladoledne lučke, medtem ko je vrednost bankovcev zanje velika uganka.

Podobno velja za naše pojmovanje o nebesih za časa življenja na tej zemlji. Zavedamo se, da so nebesa čudovita, vendar pa je težko opisati, kako čudovita so v resnici. Nebeško kraljestvo pa ne pozna omejitev, zato se lahko lepota izraža v polnem obsegu. Ko pridemo v nebesa, bomo razumeli brezmejni in skrivnostni duhovni svet, kot tudi zakonitosti, po katerih vse poteka. Tako pravi 1 Korinčanom 13:11: "Ko sem bil otrok, sem govoril kakor otrok, mislil kakor otrok, sklepal kakor otrok. Ko pa sem postal mož, sem prenehal s tem, kar je otroškega."

V nebeškem kraljestvu ni nobene teme, skrbi ali utesnjenosti. Tam vladata samo dobrota in ljubezen. Tako lahko izkazujemo našo ljubezen in služimo drug drugemu brez vsakih omejitev. V tem pogledu se fizični in duhovni svet močno razlikujeta. Seveda pa tudi na tem svetu ljudje na svoj način razmišljajo in dojemajo te reči, vse v skladu s posameznikovo mero vere.

Drugo poglavje Prvega Janezovega pisma opisuje različne stopnje vere, ki jih deli na vero otrok, mladih in vero očetov. Kdor ostaja na stopnji dojenčka oziroma majhnega otroka, je tudi v duhu kakor otrok, ki ni sposoben razumeti globljih duhovnih stvari in nima veliko moči za izpolnjevanje Božje besede. No, ko enkrat odraste v mlado osebo oziroma očeta, pa se njegove besede, stališča in dejanja povsem spremenijo. Takrat ljudje pridobijo več moči za izpolnjevanje Božje besede in posledično lahko dobijo bitko proti silam teme. A tudi ko dosežemo vero očetov na tej zemlji, smo pravzaprav še vedno kakor otroci, v primerjavi s časom, ko bomo stopili v nebeško kraljestvo.

Čutili bomo popolno ljubezen

Otroštvo je obdobje priprav na odraslost in podobno tudi življenje na tej zemlji predstavlja priprave na večno življenje. Ta svet je kakor bežna senca v primerjavi z večnim nebeškim kraljestvom. In senca ni nekaj materialnega. Povedano drugače, senca ni resnična, ampak je zgolj podoba, ki odseva obliko resničnega telesa.

Kralj David je proslavil GOSPODA vpričo vsega zbora in rekel: "Mi smo le tujci in gostači pred tabo kakor vsi naši očetje; kakor senca so naši dnevi na zemlji in nobenega upanja ni" (1 Kroniška 29:15).

Ko pogledamo senco nekega objekta, lahko razpoznamo njegovo splošno obliko. In ta fizični svet je ravno tako nekakšna senca, ki nam ponuja površno predstavo o večnem svetu. Šele ko se senca — življenje na tej zemlji — enkrat umakne, nam bo razkrita resnična entiteta. Trenutno poznamo duhovni svet zgolj medlo oz. motno, kot bi gledali v ogledalo. Ko pa enkrat stopimo v nebeško kraljestvo, bomo vse jasno razumeli, kot kadar se v kaj prepričamo na lastne oči.

1 Korinčanom 13:12 pravi: "Zdaj gledamo z ogledalom, v uganki, takrat pa iz obličja v obličje. Zdaj spoznavam deloma, takrat pa bom spoznal, kakor sem bil spoznan." Apostol Pavel je napisal to poglavje o ljubezni pred približno 2.000 leti. Ogledala tisti čas niso bila tako jasna kot današnja. Pravzaprav sploh niso bila izdelana iz stekla, ampak so zloščili kos srebra, brona ali železa, da so dobili odsev svetlobe. Zato je bilo ogledalo takrat motno. No, seveda nekateri ljudje vidijo in čutijo lepoto nebeškega kraljestva bolj jasno z odprtimi duhovnimi očmi, a še vedno precej motno.

Ob prihodu v večno nebeško kraljestvo bomo jasno videli in čutili vsako podrobnost duhovnega sveta. Prepričali se bomo tudi v nepopisno veličastnost, mogočnost in lepoto Boga.

Ljubezen je največja med vero, upanjem in ljubeznijo

Verovanje in upanje sta izredno pomembna za rast naše vere. Samo z vero smo lahko namreč rešeni in gremo v nebesa. Samo z vero lahko postanemo pravi Božji otroci. Vera je izredno dragocena, saj lahko samo z vero dosežemo odrešenje, večno življenje in nebeško kraljestvo. Vera je zaklad vseh zakladov in ključ za uslišanje naših molitev.

Kaj pa upanje? Upanje je ravno tako dragoceno. Z upanjem si lahko izborimo veličastnejše bivališče v nebesih. Potemtakem, če imamo vero, bomo imeli tudi upanje. Če verujemo v Boga, nebesa in pekel, gojimo tudi upanje po nebesih. Z upanjem si prav tako prizadevamo postati posvečeni in zvesto garamo za Božje kraljestvo. Vera in upanje sta nepogrešljivi, dokler ne dosežemo nebeškega kraljestva. Toda zakaj potem 1 Korinčanom 13:12 označuje ljubezen kot največjo?

Prvič — vera in upanje sta potrebna le za časa življenja na tej zemlji, medtem ko v nebeškem kraljestvu ostaja le duhovna ljubezen.

V nebesih nam ni treba ničesar slepo verjeti ali slepo upati, saj se bomo lahko v vse prepričali na lastne oči. Predpostavimo, da nekoga močno ljubite in ga niste videli že teden dni, ali pa deset let. Ko ga bomo videli prvič po desetih letih, bomo pri tem veliko bolj čustveni. In ali bo potem ostal še kdo drug, ki tako močno pogreša to osebo?

Enako velja za naše krščansko življenje. Če iskreno verujemo in ljubimo Boga, bo naše upanje raslo skupaj z vero skozi čas. Iz dneva v dan bomo čedalje bolj pogrešali Gospoda. Kdor na tak način ohranja upanje po nebesih, se ne bo pritoževal, četudi se prebija po ozki poti na tej zemlji, in nikoli ne bo podlegel nobeni skušnjavi. In ko enkrat dosežemo končno destinacijo, nebeško kraljestvo, ne bomo več potrebovali ne vere ne upanja. Medtem pa ljubezen ostaja večna tudi v nebesih, in prav zato Sveto pismo označuje ljubezen za največjo.

Drugič — z vero sicer lahko dosežemo nebesa, a brez ljubezni ne moremo stopiti v najveličastnejši Novi Jeruzalem. Nebeško kraljestvo si lahko izborimo s silo do te mere, do katere ravnamo z vero in upanjem. V tolikšni meri, kot živimo po Božji besedi, odpravimo grehe in vzgojimo čudovito srce, nam bo predana duhovna vera, in v skladu s to duhovno vero bomo na koncu odšli v različna nebeška bivališča: raj, prvo nebeško kraljestvo, drugo nebeško kraljestvo, tretje nebeško kraljestvo ali Novi Jeruzalem.

Raj je namenjen tistim z vero, komaj zadostno za odrešenje na račun sprejetja Jezusa Kristusa. Ti ljudje niso storili ničesar za Božje kraljestvo. Prvo nebeško kraljestvo je veliko lepši kraj od raja in je namenjeno tistim, ki so sprejeli Jezusa Kristusa in si prizadevali živeti po Božji besedi. Drugo nebeško kraljestvo je za tiste, ki so živeli po Božji besedi z ljubeznijo do Boga in bili zvesti v vsej Božji hiši. Tretje nebeško kraljestvo je za tiste, ki ljubijo Boga do vseh skrajnosti in so izkoreninili vse oblike hudobije ter postali posvečeni. Novi Jeruzalem je za tiste, ki imajo vero za ugajanje Bogu in so bili zvesti v vsej Božji hiši.

Novi Jeruzalem je kristaloid ljubezni oz. nebeško bivališče za tiste Božje otroke, ki so obrodili popolno ljubezen z vero. Pravzaprav nihče, razen Jezusa Kristusa, edinega Sina Božjega, v osnovi nima kvalifikacij za vstop v Novi Jeruzalem. Kljub temu pa si lahko tudi mi pridobimo te kvalifikacije, če smo do tega upravičeni po krvi Jezusa Kristusa in če gojimo popolno vero.

Da bi bili podobni Gospodu in odšli v Novi Jeruzalem, moramo slediti poti, ki jo je ubral Gospod sam. Ta pot je ljubezen. Samo s to ljubeznijo lahko obrodimo devet sadov Svetega Duha in osmero blagrov ter postanemo pravi Božji otroci, ki so po značaju enaki Gospodu. Ko enkrat pridobimo kvalifikacije kot pravi Božji otroci, bomo prejeli vse, za kar bomo prosili na tej zemlji, in imeli bomo čast hoditi skupaj z Gospodom v nebesih na vse veke. Z vero si torej lahko priborimo nebesa, z upanjem pa lahko odpravimo grehe. Iz tega razloga sta vera in upanje potrebna, največja pa je vseeno ljubezen, kajti samo z ljubeznijo lahko vstopimo v Novi Jeruzalem.

"Ne bodite nikomur dolžniki, razen če gre za medsebojno ljubezen; kdor namreč ljubi drugega, je izpolnil postavo. Kajti zapovedi 'Ne prešuštvuj! Ne ubijaj! Ne kradi! Ne požêli!' pa tudi vse druge zapovedi so obsežene v besedi: Ljubi svojega bližnjega kakor samega sebe. Ljubezen bližnjemu ne prizadeva hudega; ljubezen je torej izpolnitev postave."

Rimljanom 13:8-10

3. del
Ljubezen je izpolnitev postave

1. poglavje : Božja ljubezen
2. poglavje : Kristusova ljubezen

Božja ljubezen

"Mi smo spoznali ljubezen, ki jo ima Bog do nas, in verujemo vanjo. Bog je ljubezen, in tisti, ki ostaja v ljubezni, ostaja v Bogu in Bog ostaja v njem."
1 Janez 4:16

Medtem ko je sodeloval z Indijanci plemena Quechua, je Elliot začel priprave na obisk zloglasnega nasilnega plemena Huaorani. Skupaj s štirimi misijonarji, Edom McCullyjem, Rogerjem Youderianom, Petrom Flemingom in pilotom Nateom Saintom, so z letala preko zvočnika navezali stik z Indijanci plemena Huaorani. Prav tako so jim spustili košaro z darili. Nekaj mesecev zatem so se možje odločili postaviti tabor v bližini tega indijanskega plemena, in sicer ob reki Curaray. Tam jih je večkrat obiskala majhna skupina Huaorancev in enega od njih, radovedneža z imenom "George" (njegovo pravo ime je bilo Naenkiwi), so celo povabili na vožnjo z letalom. Ta prijateljska srečanja so jim vlila spodbudo, zato so začeli načrtovati obisk njihove vasi, vendar so njihovi načrti kmalu padli v vodo, ko jih je 8. januarja 1956 obiskala večja skupina pripadnikov plemena ter ubila Elliota in njegove prijatelje. Elliotovo iznakaženo telo so našli vzdolž reke, skupaj s trupli ostalih mož, razen trupla Eda McCullyja.

Elliot in njegovi prijatelji so nemudoma postali znani kot mučeniki po vsem svetu, in revija Life Magazine je objavila 10-stranski članek o njihovem misijonu in tragičnem koncu. Tako so sprožili zanimanje za krščanske misijone med mladimi tistega časa, in še danes so velik navdih krščanskim misijonarjem po vsem svetu. Po smrti moža je Elisabeth Elliot ob pomoči drugih misijonarjev začela delati z Indijanci plemena Auca, pri čemer so bili izredno uspešni in so pridobili veliko spreobrnjencev. Z Božjo ljubeznijo je bilo rešenih veliko duš.

Ne bodite nikomur dolžniki, razen če gre za medsebojno ljubezen; kdor namreč ljubi drugega, je izpolnil postavo. Kajti zapovedi 'Ne prešuštvuj! Ne ubijaj! Ne kradi! Ne poželi!' pa tudi vse druge zapovedi so obsežene v besedi: Ljubi svojega bližnjega kakor samega sebe. Ljubezen bližnjemu ne prizadeva hudega; ljubezen je torej izpolnitev postave (Rimljanom 13:8-10).

Med vsemi oblikami ljubezni je najvišja ljubezen Boga do nas. Prav iz te Njegove ljubezni namreč izhaja tudi stvarjenje vsega stvarstva, vključno s človekom.

Bog je v Svoji ljubezni ustvaril vso stvarstvo in človeka

V začetku je Bog sam bival v prostranem vesolju, ki pa ni to isto vesolje, kot ga poznamo danes. Gre namreč za prostor brez začetka ali konca in brez meja, kjer se vse odvija po Božji volji in v skladu s tem, kaj Bog nosi v Svojem srcu. Toda, če lahko Bog počne in si lasti karkoli hoče, čemu je potem ustvaril človeka?

Bog si je želel pravih otrok, s katerimi bi delil lepoto Njegovega sveta, v katerem je užival. Želel je deliti ta prostor, kjer se vse uklanja željam. Pravzaprav podobno velja tudi za človeka, saj si vsak želi prosto deliti lepe reči z ljubljenimi osebami. S tem upanjem je Bog načrtoval vzgojo človeštva, da bi pridobil prave otroke.

Kot prvi korak je ločil vesolje na fizični in duhovni svet ter ustvaril nebeško vojsko, angele, druga duhovna bitja in vse potrebne stvari v duhovnem svetu. Ustvaril je prostor Zase, kot tudi nebeško kraljestvo, kjer bi bivali Njegovi pravi otroci, ter prostor za ljudi in njihovo vzgojo. Ko je preteklo neizmerno veliko časa, je Bog ustvaril Zemljo v fizičnem svetu, skupaj s soncem, luno, zvezdami in naravnim okoljem, vse potrebno za življenje človeka.

Boga obkrožajo številna duhovna bitja, kot so denimo angeli, vendar so vsa brezpogojno poslušna, kot nekakšni roboti. Povedano drugače, to niso bitja, s katerimi bi Bog lahko delil Svojo ljubezen. Iz tega razloga je Bog ustvaril človeka po Svoji podobi, da bi pridobil prave otroke in z njimi delil ljubezen. Če bi si lahko lastili robote z ljubkimi obrazi, ki bi se ravnali po vaših željah in navodilih, ali bi lahko z njimi nadomestili vaše otroke? Četudi vas otroci občasno ne poslušajo, bodo še vedno veliko bolj prikupni od robotov, saj otroci čutijo vašo ljubezen in izkazujejo ljubezen do vas. Enako velja za Boga. Bog si je želel pravih otrok, s katerimi bi delil Svoje srce. V tej ljubezni je zato ustvaril prvega človeka Adama.

Potem ko je ustvaril Adama, je Bog na vzhodu ustvaril še vrt, imenovan Eden. Edenski vrt je bil rezultat Božje uvidevnosti do Adama. Gre za skrivnostno čudovit kraj, kjer najdemo pravo oazo cvetja in dreves in ljubkih živali. Povsod je tudi polno sadov. V Edenu piha vetrič, ki je nežen kakor svila, in trava oddaja prijetno šelestenje. Voda se lesketa kakor dragoceni dragulji v odsevu svetlobe. Skratka, človek si niti v najbolj bujni domišljiji ne more v celoti predstavljati lepote tega kraja.

Bog je za Adama pripravil tudi pomočnico z imenom Eva. Adam se sicer ni počutil osamljenega, vendar je Bog poznal Adamovo srce in njegovo prihodnost, saj je bil Sam dolgo časa osamljen. Bog je tako Adamu in Evi zagotovil najboljše možne pogoje za življenje, kjer sta lahko hodila skupaj z Bogom in izredno dolgo obdobje uživala veliko oblast kot gospodarja vseh živih bitij.

Bog vzgaja ljudi, da bi iz nas naredil Svoje prave otroke

Adamu in Evi pa je vseeno nekaj manjkalo, da bi lahko postala prava Božja otroka. Četudi jima je Bog namenil Svojo popolno ljubezen, v resnici nista čutila te Njegove ljubezni. Uživala sta v vsem, kar jima je poklonil Bog, a ker si ničesar nista prislužila po lastnem trudu, nista razumela, kako dragocena je Božja ljubezen, zato tudi nista znala ceniti prejetega. Poleg tega nikoli nista izkusila smrti ali nesreče in se nista zavedala vrednosti življenja. Nikoli tudi nista srečala sovraštva in posledično nista razumela pravega pomena ljubezni. Za ljubezen sta sicer slišala, vendar nista čutila iskrene ljubezni v srcu, saj je nista osebno izkusila.

Prav v tem se skriva razlog, zakaj sta Adam in Eva jedla z drevesa spoznanja dobrega in hudega. Bog je rekel: "... kajti na dan, ko bi jedel z njega, boš gotovo umrl." Toda Adam in Eva nista poznala polnega pomena smrti (Geneza 2:17). Ali Bog ni vedel, da bosta jedla z drevesa spoznanja dobrega in hudega? Vsekakor! Bog je to dobro vedel, a jima je kljub temu dal svobodno voljo, da bi lahko izbrala poslušnost. V tem se tudi skriva Njegova previdnost glede človeške vzgoje.

Skozi človeško vzgojo je Bog želel, da bi ljudje izkusili solze, žalost, bolečino, smrt, itd., da bi kasneje ob prihodu v nebesa razumeli, kako vredno in dragoceno je nebeško življenje, in bi lahko uživali v resnični sreči. Bog je želel deliti Svojo ljubezen z ljudmi na vse veke v nebesih, ki so neprimerljivo lepši kraj tudi od edenskega vrta.

Ko sta Adam in Eva prekršila Božjo besedo, več nista mogla živeti v edenskem vrtu. In ker je Adam izgubil oblast kot gospodar vseh bitij, so bile skupaj z njim preklete tudi vse živali in rastline. Prekletstvo je padlo tudi nad Zemljo, ki sta jo nekoč krasila lepota in izobilje, zdaj pa sta tam cvetela le trnje in osat, in ljudje so morali za živež garati v potu svojega obraza.

Čeprav sta Adam in Eva prekršila Božjo besedo, je Bog kljub temu izdelal suknji iz kože in ju oblekel, saj sta odhajala živet v povsem drugačno okolje (Geneza 3:21). Božje srce je bilo zagotovo opečeno kot tisto od staršev, ki morajo poslati svoje otroke zdoma, da bi si ti začrtali svojo prihodnost. Navkljub tej Božji ljubezni pa so ljudje kmalu po začetku vzgoje človeštva začeli grešiti in se oddaljevati proč od Boga.

Pismo Rimljanom 1:21-23 pravi: "Čeprav so namreč Boga spoznali, Ga niso kot Boga slavili ali se Mu zahvaljevali, marveč so postali v svojih mislih prazni in nespametno srce jim je otemnelo. Domišljali so si, da so modri, pa so ponoreli in veličastvo neminljivega Boga zamenjali z upodobitvami minljivega človeka in ptic, četveronožcev in plazilcev."

Takšnemu grešnemu človeštvu je Bog izkazal Svojo previdnost in ljubezen preko Judov kot izbranega ljudstva. Po eni strani, ko so živeli po Božji besedi, jim je Bog kazal čudovita znamenja in čudeže ter jih bogato blagoslavljal. Po drugi strani pa, ko so se ločili od Boga, začeli častiti malike in grešiti, je Bog poslal številne preroke, da bi jim izročil Svojo ljubezen.

Eden takšnih prerokov je bil Ozej, ki je deloval v temačnem obdobju, ko je Izrael razpadel na severni Izrael in južno Judejo.

Nekega dne je Bog dal Ozeju prav posebno nalogo, rekoč: "Pojdi, vzemi si vlačugarsko ženo in vlačugarske otroke, kajti dežela se vlačuga, vlačuga stran od GOSPODA" (Ozej 1:2). Za pobožnega preroka je bilo nepredstavljivo, da bi vzel vlačugarsko ženo, a čeprav ni v celoti razumel Božjega namena, je ubogal na Njegovo besedo in se poročil z Gómero.

Skupaj sta imela tri otroke, med tem pa je Gómera prešuštvovala z drugim moškim. A Bog je kljub temu Ozeju naročil ljubiti svojo ženo (Ozej 3:1). Ozej je tako pridobil Gómero nazaj za petnajst srebrnikov, tovor ječmena in pol tovora ječmena.

Ozejeva ljubezen do Gómere simbolizira Božjo ljubezen do nas. Gómera, vlačugarska ženska, pa simbolizira vse ljudi, ki so omadeževani z grehi. Tako kot je Ozej vzel vlačugarko za ženo, tako je Bog najprej ljubil tiste med nami, ki so bili omadeževani z grehi na tem svetu.

Tako je izkazal Svojo ljubezen v upanju, da bi se vsi odvrnili s poti pogube in postali Njegovi otroci. Četudi so spoprijateljili svet in se za nekaj časa oddaljili od Boga, Bog nikoli ni rekel: "Zapustil si me, zato te ne morem sprejeti nazaj." Bog preprosto želi, da bi se vsi vrnili k Njemu, in to si želi z bolj gorečim srcem kot starši, ki čakajo na svoje otroke, ki so pobegnili od doma.

Bog je pripravil Jezusa Kristusa še pred začetkom časa

Prilika o izgubljenem sinu v 15. poglavju Lukovega evangelija nazorno ponazarja srce Boga Očeta. Mlajši sin, ki je odraščal v razkošju, ni čutil hvaležnosti do očeta v svojem srcu, kot tudi ni znal ceniti svojega življenja. Nekega dne je prosil za svoj delež premoženja, ki mu je pripadal. Bil je močno razvajen otrok, zato je brez oklevanja prosil za podedovani denar, ko je bil oče še živ.

Oče nikakor ni uspel dopovedati sinu, saj ta ni razumel njegovega srca, zato mu je naposled izročil denar. Sin je srečen odpotoval v daljno deželo in od takrat naprej je oče čutil veliko bolečino v srcu. Na smrt ga je namreč skrbelo, misleč: "Kaj, če se mu kaj pripeti? Kaj, če naleti na kakšne ničvredneže?" Oče zaradi velikih skrbi še spati ni mogel. Strmel je v obzorje in upal na vrnitev sina.

Sin je kmalu z razuzdanim življenjem pognal svoje premoženje in ljudje so ga začeli zlorabljati. Znašel se je v tako groznem položaju, da se je želel nasititi z rožiči, ki so jih jedle svinje, a mu jih nihče ni dal. Tedaj se je spomnil očeta. Vrnil se je domov, a zaradi velikega obžalovanja sploh ni mogel dvigniti glave. Toda oče je pritekel do njega, ga objel in poljubil. Oče ga ni krivil za nič, temveč je bil tako srečen, da mu je izročil najboljše oblačilo in zanj priredil zabavo s pitanim teletom. Takšna je Božja ljubezen.

Božja ljubezen se ne razodeva le posebnim ljudem ob posebnih priložnostih. 1 Timoteju 2:4 pravi: "[Bog] hoče, da bi se vsi ljudje rešili in prišli do spoznanja resnice." Bog ohranja vrata odrešenja ves čas odprta in kadar se kakšna duša vrne k Bogu, jo Bog sprejme z veliko radostjo in srečo.

S to ljubeznijo Boga, ki nam vse do konca ne obrne hrbta, je bila za vse nas odprta pot do odrešenja. In ta pot je Njegov edini Sin Jezus Kristus. Kot piše v Pismu Hebrejcem 9:22: "In po postavi se skoraj vse očiščuje s krvjo in brez krvi ni odpuščanja." Jezus je s Svojo dragoceno krvjo in Svojim lastnim življenjem plačal ceno za grehe, ki bi jo morali plačati grešniki.

1 Janez 4:9 opisuje to Božjo ljubezen z naslednjimi besedami: "Božja ljubezen do nas pa se je razodela v tem, da je Bog poslal v svet Svojega edinorojenega Sina, da bi živeli po Njem." Bog je dovolil Jezusu preliti Njegovo dragoceno kri, da bi odkupil

človeštvo njihovih grehov. Jezus je bil križan, a ker je bil Ta brez greha, Je premagal smrt in na tretji dan vstal od mrtvih. Na ta način je bila odprta pot za naše odrešenje. Žrtvovanje edinorojenega Sina pa ni tako preprosto, kot se morda sliši. Korejski pregovor pravi: "Starši ne čutijo bolečine, dokler so otroci zdravi." Za mnoge starše je življenje njihovih otrok pomembnejše od njihovega lastnega življenja.

To dejanje, ko je Bog dal Svojega edinorojenega Sina, potemtakem izkazuje najvišjo možno ljubezen. Poleg tega je Bog pripravil nebeško kraljestvo za vse tiste, ki jih uspe pridobiti nazaj po krvi Jezusa Kristusa. Kako velika je ta Njegova ljubezen! Pa vendar se Božja ljubezen ne konča tukaj.

Bog nam je dal Svetega Duha, da bi nas popeljal v nebesa

Bog izroča Svetega Duha kot darilo vsem, ki sprejmejo Jezusa Kristusa in dosežejo odpuščenje grehov. Sveti Duh je srce Boga. Bog že vse od trenutka Gospodovega vnebohoda pošilja Pomočnika oz. Svetega Duha v naša srca.

Rimljanom 8:26-27 pravi: "Prav tako tudi Duh prihaja na pomoč naši slabotnosti. Saj niti ne vemo, kako je treba za kaj moliti, toda sam Duh posreduje za nas z neizrekljivimi vzdihi. In On, ki preiskuje srca, ve, kaj je mišljenje Duha, saj Duh posreduje za svete, v skladu z Božjo voljo."

Kadar grešimo, nas Sveti Duh vodi do kesanja z neizrekljivimi vzdihi. Duh daje vero tistim s šibko vero, in upanje tistim brez upanja. Tako kot matere skrbno tolažijo in pazijo na svoje otroke, tako nas Duh spremlja s Svojim glasom, da ne bi utrpeli kakršnokoli škodo. Prav tako nam razodeva srce Boga, ki nas ljubi, in nas vodi v kraljestvo nebes.

Če resnično razumemo to ljubezen, si ne bomo morali pomagati, da ne bi tudi mi ljubili Boga. In kadar ljubimo Boga z našim srcem, nam Bog odgovarja z veliko in čudovito ljubeznijo, ki nas bo prevzela v celoti. Prav tako nam daje zdravja in blagoslovov, da bi nam šlo dobro v življenju. Bog to počne, ker tako narekuje postava duhovnega sveta, še bolj pa zato, ker si želi, da bi vsi čutili Njegovo ljubezen skozi Njegove blagoslove. "Ljubim té, ki me ljubijo, kateri me iščejo, me najdejo" (Pregovori 8:17).

Kaj ste čutili, ko ste prvič srečali Boga in prejeli ozdravljenje ali rešitev za različne težave? Gotovo ste začutili, da Bog ljubi tudi grešnika, kakršen ste vi. Prepričan sem tudi, da ste v srcu razmišljali: "Če bi lahko s črnilom napolnili ocean, in če bi bilo nebo iz pergamenta, da bi lahko nanj izlili Božjo ljubezen, bi to izpraznilo ves ocean." Prav tako verjamem, da vas je prevzela ta ljubezen Boga, ki vam je dal večna nebesa, kjer ni ne skrbi, žalosti, bolezni, ločitev in ne smrti.

Ljudje nismo najprej ljubili Boga. Bog je prvi prišel do nas in nam razširil Svoje roke. In ni nas ljubil, ker bi si to zaslužili. Bog nas je preprosto ljubil tako močno, da je dal Svojega edinorojenega Sina za nas, ki smo bili grešniki in usojeni na pogubo. Ljubil je vse ljudi in skrbi za vse nas z večjo ljubeznijo od tiste, ki jo čuti mati, ki ne pozabi svojega otročiča (Izaija 49:15). Bog čaka na nas, kakor bi tisoč let pomenilo le en dan.

Božja ljubezen je iskrena ljubezen, ki se skozi čas ne spreminja. Ko bomo kasneje stopili v nebesa, bomo debelo gledali vse osupljive vence, obleke iz bleščeče tančice, ter nebeške domove iz zlata in dragocenih kamnov, ki jih je Bog pripravil za nas. Bog nas nagrajuje z darovi že za časa naših življenj na zemlji, medtem pa neučakano čaka na dan, ko bomo skupaj združeni v Njegovi večni slavi. Do tedaj pa le uživajmo Njegovo veliko ljubezen!

Kristusova ljubezen

"... in živite v ljubezni, kakor je tudi Kristus vzljubil nas in je daroval Sam sebe za nas kot blago dišečo daritev in žrtev Bogu."
Efežanom 5:2

Ljubezen ima veliko moč, da naredi nemogoče mogoče. Še zlasti sta mogočni Božja in Gospodova ljubezen, ki lahko predrugačita nezmožne ljudi, ki ne zmorejo ničesar opraviti uspešno, v zmožne ljudi, za katere ni nič nemogoče. Ko so neizobraženi ribiči, pobiralci davkov – ki so tisti čas veljali za grešnike – siromaki, vdove in zapostavljeni ljudje tega sveta srečali Gospoda, so se njihova življenja povsem spremenila. Njihova revščina in bolezni so bile odpravljene, in čutili so iskreno ljubezen, kakršne prej nikoli niso doživeli. Sebe so smatrali za ničvredne, toda zdaj so bili ponovno rojeni kot veličastno orodje Boga. Takšna je moč ljubezni.

Jezus se je odpovedal vsej nebeški slavi in prišel na to zemljo

V začetku je bil Bog Beseda in Beseda se je spustila dol na to zemljo v človeškem telesu. To je bil Jezus, edinorojeni Božji Sin. Jezus je prišel dol na to zemljo, da bi rešil pregrešno človeštvo, ki je zašlo na pot pogube. Ime 'Jezus' predstavlja 'Tistega, ki bo svoje ljudstvo odrešil grehov' (Matej 1:21).

Vsi ti z grehom omadeževani ljudje so postali kakor živina (Pridigar 3:18). Jezus je bil rojen v hlevu, da bi odkupil ljudi, ki so opustili svoje dolžnosti in postali nič boljši od živine. Položen je bil v jasli za krmljenje živine, da bi postal živi kruh za te ljudi (Janez 6:51). Tako jim je omogočil, da si povrnejo izgubljeno podobo Boga in izpolnijo svojo človeško dolžnost.

Matej 8:20 pravi: "Lisice imajo brloge in ptice neba gnezda, Sin človekov pa nima, kamor bi glavo naslonil." Kot piše Jezus ni imel kje spati, zato je moral noči preživeti na polju ter trpeti mraz in padavine. Pogosto je bil lačen, vendar ne, ker bi bil nezmožen, temveč zato, da bi nas odrešil revščine. 2 Korinčanom 8:9 pravi: "Saj vendar poznate milost našega Gospoda Jezusa Kristusa! Bogat je bil, pa je zaradi vas postal ubog, da bi vi obogateli po Njegovem uboštvu."

Jezus je začel Svoje javno delovanje z znamenjem na svatbi v Kani Galilejski, kjer je vodo spremenil v vino. Na območju Judeje in Galileje je oznanjal Božje kraljestvo in opravil številna znamenja in čudeže. Ozdravljenih je bilo veliko gobavcev, hromi so shodili in z demonom obsedeni so bili osvobojeni pred močjo teme. Celo oseba, ki je bila mrtva polne štiri dni in imela zadah, je živa stopila iz grobnice (Janez 11).

Jezus je kazal vsa ta mogočna dela v času Svojega delovanja na tej zemlji zato, da bi ljudje dojeli Božjo ljubezen. Poleg tega, ker je bil eno z Bogom in Besedo samo, je Jezus v celoti izpolnil postavo in nam tako dal popoln zgled. A čeprav je v celoti izpolnil postavo, Jezus ni obsojal tistih, ki so kršili postavo in bili obsojeni na pogubo. Ljudem je preprosto oznanjal resnico, da bi se vsaj še ena duša pokesala in prejela odrešenje.

Če bi Jezus vsakomur sodil strogo po postavi, nihče ne bi prejel odrešenja. Postava zajema zapovedi od Boga, ki nam narekujejo izpolnjevati, se vzdržati oziroma odpraviti določene stvari. Med njimi tako najdemo zapovedi, kot so: posvečuj Gospodov dan, ne želi hiše svojega bližnjega, spoštuj starše, ter odpravi vse oblike hudobije. Poglavitni namen vseh zakonov je ljubezen. Kadar izpolnjujete vse statute in zakone, lahko izkazujete ljubezen, vsaj navzven.

Vendar Bog ne želi, da bi izpolnjevali postavo zgolj z našimi dejanji. Bog si želi, da bi izpolnjevali postavo z ljubeznijo iz našega srca. Jezus se je tega dobro zavedal in izpolnil postavo z ljubeznijo. Eden najboljših primerov je bila žena, ki so jo zalotili pri prešuštvovanju (Janez 8). Nekega dne so pismouki in farizeji pripeljali prešuštnico, jo postavili v sredo med ljudi in vprašali Jezusa: "Mojzes nam je v postavi ukazal take kamnati. Kaj pa Ti praviš?" (Janez 8:5)

S tem vprašanjem so želeli pridobiti podlago za obtožitev Jezusa. Le kako se je morala počutiti žena v tistem trenutku? Gotovo se je močno sramovala, ko je bil njen greh tako javno razkrit pred vsemi, in gotovo je trepetala v strahu pred kamnanjem. Če bi Jezus odgovoril "kamnajte jo", bi doživela svoj konec pod plazom kamnov, ki bi jih ljudje zmetali vanjo.

Vendar Jezus jim ni naročil kaznovati to ženo v skladu s postavo, temveč se je sklonil in začel pisati po tleh s Svojim prstom. Šlo je za grehe, ki so jih ljudje okrog Njega pogosto počeli. Ko je tako popisal njihove grehe, se je vzravnal in rekel: "Kdor izmed vas je brez greha, naj prvi vrže kamen vanjo" (Janez 8:7). Zatem se je ponovno sklonil in zapisal še nekaj drugega.

Tokrat je zapisal grehe vsakogar izmed njih, kot bi jim bil Sam priča, vse podrobnosti, kje, kdaj in kako je kdo od njih grešil. Tisti med njimi, ki jih je vsaj malo zapekla vest, so začeli drug za drugim odhajati. Na koncu sta tako ostala le Jezus in obtožena žena. Sledita vrstici 10 in 11, ki pravita: "Jezus se je vzravnal in ji rekel: 'Kje so, žena? Te ni nihče obsodil?' Rekla je: 'Nihče, Gospod.' In Jezus ji je dejal: 'Tudi jaz te ne obsojam. Pojdi in odslej ne gréši več!'"

Ali se žena ni zavedala, da je kazen za prešuštvovanje smrt s kamnanjem? Seveda je vedela. Poznala je postavo, a kljub temu grešila, saj ni znala premagati svojega poželenja. Samo čakala je na smrt, potem ko je bil njen greh javno razkrit, in ko je nepričakovano doživela Jezusovo odpuščenje, je bila zagotovo globoko ganjena! Še dolga leta se je spominjala Jezusove ljubezni in nikoli več grešila.

Sodeč po tem, da je Jezus odpustil ženi, ki je prekršila postavo, ali je postava potemtakem nepomembna, dokler ljubimo Boga in naše sosede? Nikakor! Jezus je rekel: "Ne mislite, da Sem prišel razvezat postavo ali preroke; ne razvezat, temveč dopolnit Sem jih prišel" (Matej 5:17).

Postava nam omogoča veliko lažje in dosledno izpolnjevati Božjo voljo. Če nekdo zgolj izjavi, da ljubi Boga, ne moremo izmeriti, kako globoka in široka je njegova ljubezen. Medtem pa s pomočjo postave dejansko lahko preverimo mero njegove ljubezni. Če resnično ljubi Boga z vsem srcem, bo v popolnosti izpolnjeval postavo. Takšni osebi pravzaprav sploh ni težko izpolnjevati postave. Poleg tega bo v tolikšni meri, kot izpolnjuje postavo, prejel ljubezen in blagoslove od Boga.

Toda legaliste v času Jezusa ni zanimala Božja ljubezen, ki je vezana na postavo. Svetost srca zanje ni bila pomembna, pač pa so se osredotočali samo na izpolnjevanje formalnosti. Bili so zadovoljni in celo ponosni na zgolj površinsko izpolnjevanje postave. Bili so prepričani, da izpolnjujejo postavo, zato so brez oklevanja obsojali in sodili tistim, ki so jo kršili. In ko je Jezus pojasnil pravi pomen postave in jim približal srce Boga, so rekli, da se Jezus moti in da je obseden z demonom.

Ker farizeji niso imeli ljubezni, izpolnjevanje postave ni prav nič koristilo njihovim dušam (1 Korinčanom 13:1-3). Niso izkoreninili hudobije v svojih srcih, temveč so zgolj obsojali in sodili drugim ter se tako oddaljili od Boga. Naposled so storili nepopravljiv greh, ko so križali Sina Božjega.

Jezus je izpolnil previdnost križa s poslušnostjo do smrti

Proti koncu Svojega triletnega delovanja, tik pred vstopom na pot trpljenja, je Jezus odšel na Oljsko goro. Pozno v noč je goreče molil in se zavedal, da se bo kmalu soočil s križem. Njegova molitev je bila klic, da bi po Svoji nedolžni krvi rešil vse duše. V molitvi je prosil za moč, da bi premagal trpljenje na križu. Ko ga je obšel smrtni boj, je še bolj goreče molil. Njegov pot je postal kakor kaplje krvi, ki padajo na zemljo (Luka 22:42-44).

Tisto noč so Jezusa prijeli vojaki in Ga odvedli za zaslišanje. Naposled Mu je bila naložena smrtna kazen na Pilatovem sodišču. Rimski vojaki so spletli krono iz trnja in Mu jo dali na glavo, pljuvali Vanj in Ga tepli po glavi, nakar so Ga odvedli na kraj križanja.

Njegovo telo je bilo preplavljeno s krvjo. Vso noč so ga zasmehovali in pretepali, medtem ko je nesel lesen križ na Golgoto. Pri tem Mu je sledila velika množica. Nekoč so Ga sprejeli z vzkliki "Hozána", a zdaj so se spremenili v drhal, ki je kričala: "Križan naj bo!" Jezusov obraz je bil okrvavljen do neprepoznavnosti. V bolečinah od mučenja je iztrošil vso Svojo energijo, zato je izredno težko naredil že en sam korak naprej.

Ko je prišel na Golgoto, je bil Jezus križan, da bi nas odkupil naših grehov. Da bi odrešil nas, ki smo bili pod prekletstvom postave, ki veleva, da je smrt plačilo za greh (Rimljanom 6:23), je bil Jezus pribit na leseni križ in prelil vso Svojo kri. Da bi odpustil naše grehe, ki jih delamo v mislih, je Jezus nosil trnovo krono na Svoji glavi. Da bi odpustil naše grehe, ki jih delamo z rokami in nogami, je bil z žeblji pribit na križ skozi roke in noge.

Nespametno ljudstvo, ki se ni zavedalo tega dejstva, se je norčevalo in posmehovalo trpečemu Jezusu na križu (Luka 23:35-37). Toda Jezus je kljub strašanskim bolečinam molil za tiste, ki so Ga križali, kot je zapisano v Luku 23:34: "Oče, odpústi jim, saj ne vedo, kaj delajo."

Križanje je ena najbolj krutih oblik usmrtitve. Obsojeni mora namreč trpeti bolečino relativno dlje časa kot pri drugih metodah. Prebijejo mu roke in noge in njegovo meso je vso raztrgano. Prisotni sta tudi huda dehidracija in motnja krvnega obtoka, kar privede do počasnega slabljenja delovanja notranjih organov. Na smrt obsojeni mora trpeti tudi bolečino od ugrizov insektov, ki so zavohali njegovo kri.

Kaj mislite, o čemu je Jezus razmišljal na križu? Razmišljal ni o nevzdržni bolečini Njegovega telesa, ampak o razlogu, zakaj je Bog ustvaril ljudi, pomenu vzgoje človeštva na tej zemlji ter zakaj se mora Sam žrtvovati kot spravna daritev za človekove grehe. Za vse to je Jezus srčno molil iz hvaležnosti.

Ko je šest ur pretrpel na križu, je Jezus rekel: "Žejen sem" (Janez 19:28). Šlo je za duhovno žejo, s katero je moč rešiti duše, ki korakajo na poti pogube. Z mislimi na številne duše, ki bodo živele na tej zemlji v prihodnosti, je Jezus prosil vse nas, naj oznanjamo sporočilo križa in rešimo druge duše.

Nazadnje je Jezus rekel: "Izpolnjeno je!" (Janez 19:30) in nato izdihnil Svoj zadnji dih, rekoč "Oče, v Tvoje roke izročam Svojega duha" (Luka 23:46). Svojega duha je izročil v roke Boga, saj je izpolnil Svoje poslanstvo in odprl pot odrešenja za vso človeštvo, ko je Sam postal spravna daritev. To je bil trenutek, ko je bilo izpolnjeno dejanje največje ljubezni.

Tako je padel zid greha med nami in Bogom in takrat nam je bila omogočena neposredna komunikacija z Bogom. Pred tem so morali višji duhovniki opraviti žrtveno daritev za odrešitev grehov v imenu ljudstva, a danes to več ni potrebno. Vsak, ki veruje v Jezusa Kristusa, lahko stopi v sveto svetišče Boga in neposredno časti Boga.

Jezus v Svoji ljubezni pripravlja nebeška bivališča

Preden je sprejel križ, je Jezus razodel dogodke iz prihodnosti Svojim učencem. Pojasnil jim je, da bo moral sprejeti križ, da bi izpolnil previdnost Očeta Boga, a so bili učenci kljub temu zaskrbljeni. Da bi jih pomiril, jim je nato opisal nebeška bivališča.

Janez 14:1-3 pravi: "Vaše srce naj se ne vznemirja. Verujete v Boga, tudi Vame verujte! V hiši Mojega Očeta je veliko bivališč. Če bi ne bilo tako, ali bi vam rekel: Odhajam, da vam pripravim prostor? Ko odidem in vam pripravim prostor, bom spet prišel in vas vzel k Sebi, da boste tudi vi tam, kjer sem Jaz." In dejansko je Jezus premagal smrt, vstal od mrtvih in se vpričo množic povzpel v nebesa. To je storil zato, da bi pripravil nebeška bivališča za nas. Toda, kaj sploh pomeni stavek 'odhajam, da vam pripravim prostor'?

1 Janez 2:2 pravi: "On je namreč spravna daritev za naše grehe, pa ne le za naše, temveč tudi za ves svet." Kot piše, lahko vsakdo z vero pridobi nebesa, saj je Jezus podrl zid greha med nami in Bogom.

Jezus je prav tako rekel: "V hiši Mojega Očeta je veliko bivališč." Te besede nam jasno opisujejo Jezusovo željo, da bi vsi ljudje prejeli odrešenje. Pri tem pa ni uporabil izraza 'nebesa', ampak 'v hiši Mojega Očeta', ker lahko Boga kličemo 'Aba, Oče' na račun dragocene Jezusove krvi.

Gospod še danes neprenehoma posreduje za nas. Goreče moli pred Božjim prestolom, ne da bi jedel ali pil (Matej 26:29). Moli namreč zato, da bi vsi mi dosegli zmago pri vzgoji človeštva na tej zemlji in skozi uspešnost naših duš razodeli Božjo slavo.

Še več, ko bo po koncu vzgoje človeštva sledila sodba z velikega belega prestola, bo Jezus še naprej deloval za nas. Na sodnem procesu bo vsakomur izrečena sodba brez najmanjše napake za sleherno dejanje, ki smo ga storili. Toda Gospod bo zagovarjal Božje otroke in moledoval z besedami "opral Sem njihove grehe s Svojo krvjo", da bi le-ti prejeli veličastnejše bivališče in nagrade v nebesih. Ker se je spustil na to zemljo in osebno izkusil, kaj moramo prestajati ljudje, bo Jezus govoril v imenu ljudi kot zagovornik. Kako lahko v popolnosti dojamemo to ljubezen Kristusa?

Bog nam je razodel Svojo ljubezen do nas preko Svojega edinorojenega Sina Jezusa Kristusa. Ta ljubezen je ljubezen, s katero se je Jezus razdal za nas do zadnje kaplje Svoje krvi. Gre za brezpogojno in neomajno ljubezen, s katero nam je Jezus odpustil sedemdesetkrat sedemkrat. Le kdo bi nas lahko ločil od te ljubezni?

V pismu Rimljanom 8:38-39 apostol Pavel razglaša: "Kajti prepričan sem: ne smrt ne življenje, ne angeli ne poglavarstva, ne sedanjost ne prihodnost, ne moči, ne visokost, ne globokost ne kakršna koli druga stvar nas ne bo mogla ločiti od Božje ljubezni v Kristusu Jezusu, našem Gospodu."

Apostol Pavel se je zavedal te Božje ljubezni in ljubezni Kristusa, zato je kot apostol v celoti posvetil svoje življenje izpolnjevanju Božje volje. Pavel je žrtvoval svoje življenje, da bi ponesel Njegovo ime med pogane. Izkazoval je ljubezen Boga in povedel številne duše na pot odrešenja.

Čeprav so ga imenovali 'kolovodja ločine Nazarečanov', je Pavel posvetil vso svoje življenje pridiganju. Po vsem svetu je oznanjal Božjo ljubezen in ljubezen Gospoda, ki je globlja in širša od vseh meril. Molim v imenu Gospoda, da bi vsi postali pravi Božji otroci, ki z ljubeznijo izpolnjujejo postavo in bi večno bivali v najbolj čudovitem nebeškem bivališču, v Novem Jeruzalemu, in tam skupaj delili Božjo in Kristusovo ljubezen.

Avtor:
Dr. Jaerock Lee

Dr. Jaerock Lee se je rodil leta 1943 v Muanu, provinci Jeonnam, v Republiki Koreji. V svojih dvajsetih letih je polnih sedem let trpel za celo vrsto neozdravljivih bolezni in samo še čakal na smrt, brez slehernega upanja po okrevanju. Nato pa je nekega dne, spomladi leta 1974, na sestrino prošnjo obiskal cerkev in ko je pokleknil, da bi molil, ga je živi Bog v trenutku ozdravil vseh bolezni.

Vse odkar je dr. Lee skozi to čudovito izkušnjo srečal živega Boga, Ga je ljubil z vsem svojim srcem in iskrenostjo, zato je bil leta 1978 tudi poklican za Njegovega služabnika. Goreče je molil in opravil nešteto molitvenih postov, da bi razumel in v celoti izpolnjeval Božjo voljo ter sledil Božji besedi. Leta 1982 je v Seulu ustanovil centralno cerkev Manmin, v kateri se je do danes odvilo nešteto Božjih del, vključno s čudežnimi ozdravljenji, znamenji in drugimi čudeži.

Leta 1986 je bil dr. Lee posvečen za pastorja in štiri leta kasneje, leta 1990, so začeli na radiu v živo prenašati njegove pridige, in sicer v Avstraliji, Rusiji, na Filipinih in kmalu zatem tudi drugod po svetu.

Tri leta kasneje, leta 1993, je revija Christian World centralno cerkev Manmin označila za eno od petdesetih najvplivnejših cerkva na svetu, dr. Lee pa je od krščanske univerze na Floridi (ZDA) prejel častni doktorat božanskosti, leta 1996 pa nato še doktorat na teološkem semenišču v Iowi (ZDA).

Od leta 1993 je dr. Lee na čelu gibanja za svetovno evangelizacijo in je uspešno izpeljal številne kampanje v Tanzaniji, Argentini, Los Angelesu, Baltimoru, na Havajih, New Yorku, Ugandi, na Japonskem, Pakistanu, Keniji, na Filipinih, Hondurasu, Indiji, Rusiji, Nemčiji, Peruju, Demokratični republiki Kongo, Izraelu in Estoniji.

Zavoljo njegovega vplivnega delovanja po vsem svetu ga je leta 2002 eden največjih korejskih časopisov opisal kot "svetovno znanega revivalista". Še posebej zavoljo njegovega newyorškega shoda iz leta 2006, ki je potekal v Madison Square Gardnu in ga je v živo prenašalo 220 držav; ter jeruzalemskega shoda iz leta 2009, kjer je Jezusa Kristusa drzno razglasil za Mesijo in Odrešenika.

Njegove pridige se danes preko satelitov prenaša v 176 državah in v letih 2009/10 sta ga tiskovna agencija Christian Telegraph in priljubljena ruska krščanska revija In Victory imenovali za enega od desetih najvplivnejših krščanskih voditeljev.

Julija 2013 je Centralna cerkev Manmin štela že več kot 120.000 članov in 10.000 podružničnih cerkva po vsem svetu, vključno s 56 domačimi podružničnimi cerkvami. Poleg tega je bilo poslanih že več kot 5 misijonarjev v 23 držav, vključno z Združenimi državami Amerike, Rusijo, Nemčijo, Kanado, Japonsko, Kitajsko, Francijo, Indijo, Kenijo in še mnogimi drugimi.

Do datuma izdaje te knjige je dr. Lee napisal že 87 knjig, med njimi uspešnice Pokušanje večnega življenja pred smrtjo; Moje življenje-moja vera, 1. in 2. knjiga; Sporočilo križa; Mera vere; Nebesa, 1. in 2. knjiga; Pekel; Prebudi se, Izrael; ter Božja moč. Njegova dela so prevedena v več kot 75 jezikov.

Njegove članke najdemo v časopisih Hankook Ilbo, JoongAng, Chosun Ilbo, Dong-A Ilbo, Munhwa Ilbo, Seul Shinmun, Kyunghyang Shinmun, Koreja Herald, Sisa ter Christian Press.

Dr. Lee je danes na čelu številnih misijonarskih organizacij in zvez. Med drugim je predsednik Združene cerkve svetosti, predsednik Svetovnega poslanstva Manmin, stalni predsednik zveze Krščanskega sveta, ustanovitelj in predsednik odbora Globalne krščanske mreže, ustanovitelj in predsednik mreže Krščanskih zdravnikov, ter ustanovitelj in predsednik Mednarodnega semenišča Manmin.

Druge zanimive knjige istega avtorja

Nebesa I & II

Podroben oris čudovitega bivališča, v katerem uživajo nebeški prebivalci, ter prelep opis različnih nivojev nebeškega kraljestva.

Sporočilo križa

Globoko sporočilo za prebujenje, namenjeno vsem tistim, ki duhovno spijo! V tej knjigi boste spoznali, da je Jezus naš edini Odrešenik in resnična Božja ljubezen.

Pekel

Iskreno sporočilo vsemu človeštvu od Boga, ki si želi, da ne bi niti ena sama duša padla v globine pekla. Odkrili boste doslej še nerazkrito pripoved o kruti realnosti spodnjih krajev zemlje in pekla.

Duh, Duša in Telo I & II

Vodnik, ki bralcu ponuja duhovno razumevanje duha, duše in telesa, ter mu pomaga poiskati njegov 'jaz', da bo lahko pridobil moč, s katero bo premagal temo in postal duhovna oseba.

Sedem Cerkva

Iskrena Gospodova sporočila za prebujenje vernikov in cerkva iz duhovnega spanja, ki so bila poslana sedmim cerkvam, kot je to zabeleženo v drugem in tretjem poglavju Razodetja.

Prebujeni Izrael

Zakaj Bog že vse od začetka sveta spremlja Izrael? Kakšne vrste Njegove previdnosti bo v poslednjih dneh deležen Izrael, kamor se bo vrnil Mesija?

Moje Življenje, Moja Vera I & II

Najbolj prijetna duhovna aroma, pridobljena iz življenja, ki je cvetelo z Božjo ljubeznijo brez primere, in to sredi temnih valov, hladnega jarma in globokega obupa.

Božja Moč

Obvezno branje, ki služi kot pomemben vodnik, kako priti do prave vere in izkusiti čudovito Božjo moč.

www.urimbooks.com

www.ingramcontent.com/pod-product-compliance
Lightning Source LLC
LaVergne TN
LVHW021812060526
838201LV00058B/3353